知らないでは済まされない！

LGBT
実務対応Q&A

職場・企業、社会生活、学校、家庭での解決指針

帯刀康一 ◎編著

市橋　卓　大畑敦子
織田英生　木下岳人
五島丈裕　杉村亜紀子 ◎著

発行 ◎ 民事法研究会

はしがき

　LGBTとは、レズビアン、ゲイ、バイセクシュアル、トランスジェンダーの頭文字をとって組み合わせた言葉で、セクシュアルマイノリティ（「性的少数者」ともいわれます）を表す言葉の1つとして使われています。性には多様性があり、レズビアン、ゲイ、バイセクシュアル、トランスジェンダー以外にもさまざまなセクシュアルマイノリティの方々が存在していますが、現在、日本国内等においてLGBTという単語がセクシュアルマイノリティの方々の総称として使用されていることから、本書においても、セクシュアルマイノリティの方々の総称という意味でLGBTという表現を用いて解説しています。

　近時は、マスコミ等においてLGBTに関するトピックなどが取り上げられることが多くなってきたこともあり、LGBTという言葉を聞いたことがあるという人は増えていると思います。さらに、日本におけるLGBT層に該当する人の割合は、8.9％であるという調査結果（推計）も出ています（電通ダイバーシティ・ラボ「LGBT調査2018」）。

　しかし、日本において、LGBT層に該当する人が8.9％という割合で存在する可能性があるにもかかわらず、LGBTという言葉を聞いたことがあるという人であっても、その意味や、職場・企業、社会生活、学校、家庭において、LGBTがどのような困難性を抱えているのかについて、ある程度でも認識・理解できている人となると、あまり多くないのが現状だと思います。

　なぜこのような現状になっているかといえば、それは、「見えていないだけ」ということに起因しているといえるでしょう。すなわち、日本では、血液型がAB型の人の割合は10％程度といわれており、LGBT層に該当する人の割合とあまり変わらないところ、AB型の人と直接会ったことがない、直接話をしたことがないという人はいないと思います。しかし、これが、LGBTに置き換えられると、直接話をしたことがないという人は多いとい

はしがき

うことを考えてもらえれば、ご理解いただけるかと思います。

　したがって、LGBTに関係する法的問題への対応について考える際には、この「見えていないだけ」であって、現実には、職場・企業、社会生活、学校、家庭のどの場面でもLGBTの方々が存在している可能性があるということ、その各場面で困難を抱えている可能性があるということ、その抱えている困難性等が発端となり法的問題が生じる可能性があることを認識しておく必要があります。特に、職場・企業、学校の場面では、LGBTが抱える困難性等について知らなかったということでは済まされなくなってきています。

　そこで、本書においては、職場・企業、社会生活、学校、家庭において生じる可能性があるLGBTに関係する法的問題に対して一定の解決指針を示すべく、各場面においてどのようなトラブル（課題）が生じているのか、トラブルにはどのように対応すればよいのか、トラブルが生じないためにはどのようなことに留意する必要があるのか、といった事項について各分野の専門の弁護士が解説をしています。

　まだ明確な解決指針が存在しない分野ではありますが、多岐にわたる事項について、できるだけ具体的な解説を試みていますので、LGBTの方々にはもちろんのこと、企業の実務担当者、学校関係者、その他の方々にも本書を活用していただければ、望外の幸せです。

　最後になりましたが、ご多忙の中、執筆にご協力をいただいた弁護士の方々、インタビューに答えていただいたはるな愛さん、編集にあたって大変ご苦労をおかけした民事法研究会の田口信義社長、近藤草子さんに対して、心より感謝を申し上げる次第です。

　令和元年10月

著者を代表して　弁護士　帯刀康一

目　次

「知らないでは済まされない！
LGBT 実務対応 Q & A」
目　次

はるな愛さんインタビュー

「その人」のことを知ろうとする想いであふれた
愛のある社会に！ ……………………………………………………… 1

第 1 章　基礎知識

1　はじめに ………………………………………………………	11
2　性の構成要素 ………………………………………………	11
（1）　身体的性別 ………………………………………………	11
（2）　性自認 …………………………………………………	12
（3）　性的指向 ………………………………………………	12
（4）　性の多様性 ……………………………………………	12
3　セクシュアルマイノリティ ……………………………	13
（1）　LGBT とは ……………………………………………	13
（2）　LGBT 以外のセクシュアルマイノリティ …………	14
4　セクシュアルマイノリティは特別ではない …………	15
（1）　疾患ではないこと ……………………………………	15
（2）　非行ではないこと ……………………………………	15
（3）　自己の意思で選ぶものではないこと ………………	16
（4）　LGBT から SOGI へ …………………………………	16
5　セクシュアルマイノリティの人口 ……………………	17
（1）　株式会社電通 …………………………………………	17
（2）　株式会社 LGBT 総合研究所（博報堂 DY グループ）………	17

3

目　次

　（3）　日本労働組合総連合会（連合）················· 17

　（4）　名古屋市総務局総合調整部男女平等参画推進室········· 18

　（5）　国立社会保障・人口問題研究所················· 18

　（6）　セクシュアルマイノリティの人口··············· 18

6　セクシュアルマイノリティが抱える問題················· 19

7　セクシュアルマイノリティをめぐる国際的状況············· 22

　（1）　国連をめぐる権利保障の動き················· 22

　（2）　諸外国の状況······················· 23

　（3）　国際的な企業行動基準の動き················· 24

8　日本国内の法律·························· 26

　（1）　性同一性障害者の性別の取扱いの特例に関する法律······ 26

　（2）　差別解消に向けた法制化の動き··············· 27

9　その他の国の動き························· 28

10　地方自治体の取組み······················· 29

　（1）　同性パートナー証書等の発行制度··············· 29

　（2）　差別的取扱いの禁止等··················· 29

11　企業の取組み··························· 30

　（1）　経団連の提言······················· 30

　（2）　企業の取組みを評価する動き················· 30

第2章　家庭（パートナー）・社会生活をめぐる問題への対応

Q1　同性パートナーの婚姻 ················· 33

　　1　婚姻した当事者間の法律関係（設問①）
　　2　同性パートナー間に法的関係を構築する方法（設問①）
　　3　同性パートナー関係に内縁関係（事実婚）としての保護が及ぶか（設問①）
　　4　同性パートナーが異性と婚姻関係にある場合の問題点（設問②）

目 次

Q2 同性パートナーの病気・高齢化問題 ……… 40

   1 治療行為に対する同意（設問①）
   2 面　会（設問①）
   3 後見制度の概要（設問②）
   4 任意後見の手続（設問②）

Q3 同性パートナー間における子ども ……… 46

   1 同性パートナーの子どもとの養子縁組
   2 里親制度の利用
   3 代理出産・生殖医療
   4 子どもの医療行為への同意権

Q4 同性パートナー関係の解消 ……… 51

   1 財産関係の解消
   2 ストーカー被害が生じた場合
   3 子どもの親権の問題
   4 遺言書の撤回等
   5 同性パートナー間の不貞行為

Q5 同性パートナーの死亡 ……… 56

   1 同性パートナーの相続
   2 養子縁組による対応
   3 遺言による対応
   4 祭祀の承継者

Q6 戸籍上の性別変更 ……… 60

   1 性同一性障害者の性別の取扱いの特例に関する法律に基づく性別の
　　変更
   2 性別変更後の婚姻

**Q7 アウティングの問題——LGBT のプライバシー
保護** ……… 64

   1 アウティングの法的問題
   2 証明書等における性別記載の問題

第3章　職場の問題への対応

Q1 カミングアウトへの対応 ……… 69

   1 性的指向・性自認に関係するカミングアウト
   2 職場でのカミングアウト

5

目　次

 3　性的指向・性自認に関係するカミングアウトを受けた場合の初期対応
 4　アウティングの問題

Q2　性的指向・性自認に関係する性的な言動と
セクハラ 74
 1　性的指向・性自認に関係する性的な言動とセクハラ
 2　問題となり得る言動
 3　性的指向・性自認に関係するセクハラの防止・事後対応の留意点

Q3　性的指向・性自認に関係する言動とパワハラ 81
 1　性的指向・性自認に関係する言動とパワハラ
 2　問題となり得る言動
 3　性的指向・性自認に関係するパワハラの防止・事後対応の留意点

Q4　職場における性自認に応じた通称使用 86
 1　職場での通称（戸籍と異なる氏名）の使用
 2　職場での自認する性別に応じた通称の使用

Q5　性的指向・性自認に関係する労働条件、人事上・
事実上の措置に関する基本的な考え方 88
 1　法令の不存在
 2　性的指向・性自認に関係する労働条件の差異
 3　性的指向・性自認に関係する事実上・人事上の措置に関する取扱い

Q6　福利厚生に関する問題 92
 1　労働条件の差異に関する考え方
 2　福利厚生の適用に関する差異

Q7　採用活動に関する問題 95
 1　応募者に対して性的指向・性自認を確認することの当否
 2　性的指向・性自認を理由として不採用とすることの当否
 3　性別の不実申告等を理由とした内定取消しの当否

Q8　性的指向等に関係する解雇に関する問題 99
 1　解雇の有効性判断の基本的な考え方
 2　設問①　LGBT であることを理由とする解雇事例
 3　設問②　LGBT とは無関係の解雇事例
 4　設問③　間接影響ケースにおける解雇事例

Q9　退職勧奨に関する問題 105
 1　退職勧奨の意義と限界
 2　LGBT 社員に対して退職勧奨を行う際の留意点

目 次

Q10 配転に関する問題 ················ 107

   1   配転に関する考え方
   2   LGBT 社員に対する配転の一般的な留意事項
   3   間接影響ケースにおける配転の有効性の考え方

Q11 海外赴任に関する問題 ·············· 111

   1   LGBT 社員の海外赴任と安全配慮義務
   2   刑罰が科される可能性を理由とした海外赴任の拒否
   3   海外赴任に伴う性的指向等の確認

**Q12 職場におけるトランスジェンダーの服装に関する
問題** ····················· 114

   1   トランスジェンダーの職場での服装の問題の考え方
   2   裁判例

Q13 職場におけるトイレ（更衣室）に関する問題 ········· 117

   1   トランスジェンダーのトイレ（更衣室）の問題の考え方
   2   現時点における実務上の対応

Q14 社宅に関する問題 ················ 120

   1   借上社宅での他の入居社員の不安感等への対応
   2   LGBT 社員が社宅への入居を拒否した場合の対応

Q15 性別適合手術による欠勤に関する問題 ·········· 123

   1   性別適合手術
   2   性別適合手術による欠勤と勤怠に関する問題

Q16 職場の LGBT に関する対応手順 ·········· 125

   1   はじめに
   2   経営トップのメッセージ
   3   担当チームの設置（担当者の選任）
   4   メッセージを目に見える形にする
   5   社内研修等による啓発活動
   6   福利厚生等の社内制度の検討
   7   アライ

第4章　企業活動に伴う問題への対応

Q1 施設運営における LGBT 対応 ··········· 129

   1   はじめに

7

目 次

    2 裁判例（事例①）
    3 裁判上の和解例（事例②）
    4 利用諾否に関する判断の指針
    5 対応指針
    6 性的指向に関する取扱い

Q2 レディース・プランへの対応 ·· 135

    1 はじめに
    2 契約自由の原則
    3 レディース・プランの法的位置付け
    4 対応の指針
    5 補論（ファミリー・プラン）

Q3 賃貸経営におけるLGBT対応 ·································· 140

    1 はじめに
    2 契約自由の原則
    3 トランスジェンダーの入居希望者
    4 同性愛者のカップルの入居希望
    5 単身用住居に同性パートナーと住んでいることが発覚した場合

Q4 パートナーシップ証明等における条例対応 ················ 145

    1 はじめに
    2 法律と条例
    3 同性パートナー間の関係性に関する制度
    4 LGBTの差別禁止に関する条例
    5 小 括

Q5 LGBT対象ビジネスでの法的留意点 ···················· 150

    1 はじめに
    2 顧客情報の取扱い
    3 顧客層の絞り込みと開拓

Q6 契約書のLGBT条項に関する留意点 ···················· 155

    1 はじめに
    2 東京都文京区における取組み
    3 留意点
    4 その他の契約条項

Q7 キャラクタービジネス等に関する留意点 ·················· 159

    1 はじめに
    2 制作したキャラクターが抗議を受けた場合
    3 放送番組に登場したキャラクターが抗議を受けた場合
    4 最後に

目　次

Q8　シミュレーションゲームの設定等に関する留意点 ……　163
　　　1　はじめに
　　　2　法的な問題点
　　　3　社会の反応
　　　4　本件での対応

Q9　広告等での LGBT への蔑称と受け取られる表現の
　　　留意点……………………………………………………　166
　　　1　LGBT への差別ととられかねない広告
　　　2　広告における性的指向・性自認への配慮

Q10　入会時の性別確認の留意点　……………………　168
　　　1　企業における入会時の性別確認
　　　2　入会時の性別確認の留意点

第5章　学校に関する問題への対応

Q1　LGBT の児童生徒が直面する問題 ………………………　171
　　　1　性別二元制、異性愛が前提の学校
　　　2　性別違和を抱える児童生徒が直面する問題
　　　3　同性愛、アセクシュアルの児童生徒が直面する問題
　　　4　偏見に基づくからかいやいじめ
　　　5　LGBT の児童生徒の生きづらさ
　　　6　学校や教員の役割

Q2　性同一性障害の児童生徒に対する特有の支援　……………　175
　　　1　文部科学省の通知など
　　　2　支援の内容
　　　3　その他の支援
　　　4　支援における留意点

Q3　LGBT の児童生徒から相談を受けた場合の留意点 ……　179
　　　1　否定しないで話を聞くこと
　　　2　決めつけないこと
　　　3　何に困っているのか、どうしてほしいのかを聞くこと
　　　4　他の人に話してよいかを確認すること
　　　5　相談しやすい先生、環境作り

9

目　次

Q4　性自認や性的指向を理由とするいじめの現状と留意点 ……… 183

1　いじめの実態
2　性的指向・性自認を理由とするいじめ問題の留意点
3　意向確認と秘密厳守
4　教職員の正しい理解
5　他の児童生徒や保護者の正しい理解

Q5　学校が取り組むべきこと ……… 188

1　LGBT 捜しをすべきではないこと
2　基本的な考え方
3　性の多様性についての学習
4　肯定的なメッセージを送ること

Q6　偏見、差別意識がある保護者への対応 ……… 191

1　偏見や差別意識を肯定すべきではないこと
2　保護者対応の基本
3　検討すべきこと

事項索引 ……… 193

言渡日順判例索引 ……… 197

編者・執筆者略歴 ……… 199

ることをやってくれたのですが、呼んでも聞こえないという問題もありました。けれども、スタッフの仲がすごくスムースになったんですよね。みんなで手話を覚えてコミュニケーションをとったりして。また、お客様の言っていることは口の形で読めるので、「大きい口でオーダーしてもらっていいですか」と言って接客してもらっていたら、彼の接客したいというすごく前向きな気持ちがお客さまにも伝わって、お客さまも大きく口を動かしてオーダーしてくださるようになりました。結局、一緒に働く人たちの気持ちなんですよね。

☆彡

　Q　この本は、法律に関する内容がメインにはなるのですが、たとえば、同性婚の制度について、何か思うところはありますか。

はるな　人が人を愛するのは、皆さんと変わらないことなんですよ。その人が病気で、本当に救急、危篤状態になったときに家族しか病室に入られないとかなるのは本当におかしくて、辛くて。そういうことが、もっと人間と人間が結び付くという結婚の制度になってほしいと思います。

　籍を入れるかどうかということだけではなくて、やはり愛し合ったときに家族でいられるという形がいいんじゃないかなと思います。

　Q　日本の制度やしくみで、ほかに変わってほしいと思うことはありますか。

はるな　小さい時から、性別は男か女の2つしかなかったから、とても悩みました。結局男にマルするしかないかって。大西賢示と書いているから。でも、それが嫌で嫌で。男と女を分ける必要がないこと、たとえばクレジットカードの申込みとか、そういうところは性別を記載する必要はないのではないかと思います。

　Q　最後に、法律家に期待することはありますか。

はるな　たとえば、トランスジェンダーの方が相談に来られたとして、どうしても人というのは外見や第一印象、身なりで考えてしまうところはある

かもしれないけれど、先入観や偏見をもたずに、相談されている方の悩みを理解して向き合ってくれるという気持ちをもってほしいと思います。「本当に理解したい」、「力になりたい」という気持ちをもっていただくことが重要だと思います。それは「LGBT」という問題に限らないと思いますけど。

　あと、時代の流れに、法律が取り残されているような感じがするんですよね。社会を変えていくのは人間だから、人間の気持ちに合ったという視点で法律を作っていっていただけたらなと思います。

　　Q　今日は、はるなさんとこのようなお話をする機会をもてて、本当にうれしく思います。ありがとうございました。

はるな　ありがとうございました。

第 1 章　基礎知識

7　セクシュアルマイノリティをめぐる国際的状況

(1)　国連をめぐる権利保障の動き

　2011年頃から、国連主導による LGBT の権利保障に向けての活動が活発になりました。

　国連人権理事会では、2011年 6 月、性的指向と性同一性に関するものとしては初の国連決議となる決議が採択され（A/HRC/RES/17/19）[1]、この中で、世界のすべての地域において、性的指向およびジェンダー同一性を理由として個人に対して行われる暴力と差別のすべての行為に対する重大な懸念が表明されるとともに、国連人権高等弁務官に対して、世界のすべての地域における性的指向およびジェンダー同一性に基づいた差別的な法律および実行並びに個人に対する暴力行為について等に関する研究が委託されました。

　これを受けて、国連人権高等弁護官は、2011年11月に、初の正式な国連報告書を発表（A/HRC/19/41）[2]、2012年 9 月には国連人権高等弁護官事務所が "BORN FREE AND EQUAL : Sexual Orientation and Gender Identity in International Human Rights Law" と題する冊子を発表し、この中で LGBT の権利保障について各国家がなすべき 5 つの事項として、①同性愛／トランスジェンダー嫌悪に基づく暴力からの個人の保護、② LGBT に対する拷問、残虐・非人道的・名誉を傷つける処遇の防止、③成人間の同性愛の非犯罪化、④性的指向および性自認を理由とする差別の禁止、⑤ LGBT およびインターセックスの人々の表現・結社・平穏な集会の自由の保障をあげています[3]。

　また、2014年 7 月、第 6 回日本政府報告書の審査に際し、国際人権（自由

1　日本語訳〈http://www.unic.or.jp/files/a_hrc_res_17_19.pdf〉

2　〈https://www2.ohchr.org/english/bodies/hrcouncil/docs/19session/A.HRC.19.41_English.pdf〉

3　〈https://www.ohchr.org/Documents/Publications/BornFreeAndEqualLowRes.pdf〉

7　セクシュアルマイノリティをめぐる国際的状況

権）規約委員会の総括所見の中では、「締約国は、性的指向及び性同一性を
含む、あらゆる理由による差別を禁止する包括的な反差別法を採択し、か
つ、差別の被害者に対して効果的で適切な救済を提供すべきである。締約国
は、レズビアン、ゲイ、バイセクシュアルおよびトランスジェンダーの人々
に対する固定観念や偏見と闘うための意識啓発活動を強化し、これらの人々
に対するハラスメントの申立てを調査し、かかる固定観念、偏見およびハラ
スメントの防止のために適切な措置をとるべきである」と述べられていま
す。

　さらに、2015年には、国連人権高等弁務官事務所や国連難民高等弁務官事
務所等の12の国際機関が「LGBTI に対する暴力と差別を撲滅するために」
と題する共同声明を発表するなど、LGBT の権利保障は、国連の人権施策
における重要施策となっています。

(2)　諸外国の状況

　このような流れもあり、現在、性的指向に関する差別禁止法が存在する国

〔表〕　同性婚・同性パートナーシップを認める諸外国の一覧

同性婚を認める国
オランダ、ベルギー、スペイン、カナダ、南アフリカ、ノルウェー、スウェーデン、ポルトガル、アイスランド、アルゼンチン、デンマーク、ブラジル、フランス、ウルグアイ、ニュージーランド、英国（北アイルランドを除く）、ルクセンブルク、米国、アイルランド、コロンビア、フィンランド、マルタ、ドイツ、オーストラリア、オーストリア、台湾、エクアドル ※2020年5月までにコスタリカが同性婚を法制化。
同性パートナーシップを認める国
アンドラ、イスラエル、イタリア、エクアドル、オーストリア、キプロス、ギリシャ、英国、クロアチア、コロンビア、スイス、スロベニア、チェコ、チリ、ハンガリー、フランス、ベネズエラ、メキシコ（一部の州）、リヒテンシュタイン、ルクセンブルク、ニュージーランド、オランダ、ベルギー

※ NPO 法人 EMA 日本〈http://emajapan.org/promssm/world〉のデータに基づいて作成（2019年5月現在）。

第1章 基礎知識

等は76か国、85地域に上ります（2016年8月現在）。

　また、現在、同性婚および登録パートナーシップなど同性カップルの権利を保障する制度をもつ国・地域は世界中の約20％に及んでいます（2018年12月現在）。なお、先進7か国（G7）の中で、同性婚または同性パートナーシップのいずれも制度として存在しないのは日本だけです。

　他方において、72か国で同性間の性愛行為が法律によって犯罪とされており、うち13か国では死刑が最高刑とされ、8か国（イラン、イラク、シリア、サウジアラビア、イエメン、スーダン、ソマリア、ナイジェリア）では死刑が実施されています（2017年現在）。

　このように、LGBTの権利保障をめぐる今日の国際社会は二極化しているといえます。

(3)　国際的な企業行動基準の動き

　企業におけるLGBT施策に関しては、アメリカ最大の人権団体であるNGOヒューマン・ライツ・キャンペーン財団（HRC）が、2002年から、企業のLGBTに対する平等化への施策状況を評価する「企業平等指数（Corporate Equality Index, CEI）」を毎年公表しています。この指数では、アメリカ国内の大手企業1000社や法律事務所200社を対象として、企業や法律事務所のLGBTに対する取組みを採点のうえ得点数を公表しており、2019年版によると、回答した企業1163社のうち572社が満点を獲得しています。[4]

　さらに、同指標によると、米フォーチュン誌が選ぶトップ500企業のうち、85％が性的指向による差別の撤廃を公式に標榜しており、また、62％が、トランスジェンダーの従業員にも等しく医療福利厚生制度を適用しているとのことであり、アメリカ大手企業や大手法律事務所のLGBT対応が非常に進んできていることがわかります。

　CEIの評価は、主に、アメリカ国内で活動するにあたり、差別禁止ポリシーが存在するか、従業員とその家族に対する待遇が平等かどうか、社内教

4　〈https://assets2.hrc.org/files/assets/resources/CEI-2019-FullReport.pdf?_ga=2.144254065.554013681.1553782554-1217320449.1553782554〉

第2章　家庭（パートナー）・社会生活をめぐる問題への対応

も、書面を作成しておくべきです。

　書面作成の方法については、特段決まりはありませんが、渋谷区のパートナーシップ証明を求める場合には、公正証書で作成することが必要となります（渋谷区男女平等及び多様性を尊重する社会を推進する条例10条2項2号）。

　　オ　問題点

　パートナーシップ契約では、養子縁組の場合と異なり、同性パートナー間に親族関係は生じず、氏を同じくすることはできませんし、相互に他方の相続人となることもできません。

　なお、相続に関しては、別途遺言を作成することにより、同性パートナーに財産を承継させることは可能ですので、養子縁組をしない場合には、遺言書を作成することが有用です。ただし、当該遺言が、遺留分権利者の遺留分を侵害する内容のものである場合には、遺留分権利者から遺留分減殺請求を受ける可能性があります。

3　同性パートナー関係に内縁関係（事実婚）としての保護が及ぶか（設問①）

　同性パートナー関係について、養子縁組やパートナーシップ契約以外に、いわゆる異性間の内縁関係（事実婚）のように、婚姻に準じた法的保護は一切受けられないのでしょうか。

⑴　内縁関係（事実婚）とは

　内縁関係（事実婚）とは、夫婦共同生活体の実質を備えながら、婚姻の届出を欠くために法律上の婚姻とは認められない男女の関係をいうものとされています。

⑵　男女間の内縁関係（事実婚）に準用される婚姻に関する規定

　最高裁判所は、「いわゆる内縁は、婚姻の届出を欠くがゆえに、法律上の婚姻ということはできないが、男女が相協力して夫婦としての生活を営む結合であるという点においては、婚姻関係と異なるものではなく、これを婚姻に準ずる関係というを妨げない」と判示して、異性間の内縁関係（事実婚）

36

が婚姻に準じる関係として一定の保護を受けることを認めています（最二小判昭33・4・11民集12巻5号789頁）。

そして、その場合、同居・協力・扶助義務（民法752条）の準用（大判大10・5・17民録27輯934頁）や貞操義務、婚姻費用の分担（民法760条）の準用（前掲最二小判昭33・4・11）、財産分与（民法768条）の準用（最一小決平12・3・10民集54巻3号1040頁）、内縁関係（事実婚）の一方的解消による慰謝料請求（前掲最二小判昭33・4・11）などが認められています。また、事実上夫婦と同様の関係にあった同居者として賃借権の承継（借地借家法36条）が認められる場合もあります（最三小判昭42・4・28民集21巻1号155頁）。

さらに、個別法の規定では、厚生年金保険の遺族年金の受給、国民年金法の第3号被保険者制度の利用、DV防止法による保護命令の発令等も認められています。

(3) 同性パートナー間ではどうか

現行民法上、同性間の婚姻がそもそも認められていないため、このような同性パートナー関係を、異性間の内縁関係（事実婚）と同様、婚姻に準じた関係として扱うことができるかどうかが問題となります。

憲法24条1項は、「婚姻は、両性の合意のみに基づいて成立」すると定めています。しかし、この条文が同性間の婚姻を否定するものではないと解することもできるので、そのような解釈に基づけば、現時点で同性パートナー関係を婚姻として認める制度が存在しないにすぎないと考えることもできます。

また、異性間の内縁関係（事実婚）について、婚姻に準ずるものとして一定の法的保護を認める理由が、男女が相協力して夫婦としての生活を営む結合という実質を重視していることからすると、同性パートナー間においても、これと異ならない実質を備えるものについては、異性間の内縁関係（事実婚）と異なる取扱いをする理由はなく、婚姻に準ずる関係にあるものとして、一定の法的保護を認める余地があるものといえます。

今のところ、この点についての裁判例はありませんが、同性パートナー関

37

第2章　家庭（パートナー）・社会生活をめぐる問題への対応

係においても、異性間の内縁関係（事実婚）と同様の実質を備えているものについては、婚姻に準ずる関係にあるものとして、法的保護を受ける余地はあるものと考えられます。

4　同性パートナーが異性と婚姻関係にある場合の問題点（設問②）

(1)　同性パートナー関係における問題点

ア　養子縁組

配偶者のある者が養子縁組をすることは可能ですが、養子縁組をするには、その配偶者の同意を得る必要があります（民法796条）。

しかし、同性パートナーと養子縁組をすることについては、配偶者の同意は期待できないでしょうから、養子縁組は、事実上困難であると思われます。

イ　パートナーシップ契約

婚姻している者が、重ねて同性パートナーと婚姻関係に準じた法律関係の構築を目的としたパートナーシップ契約を締結できるでしょうか。民法732条には、配偶者のある者は、重ねて婚姻をすることができないと定められていることから問題となります。

この点、配偶者のある者が、重ねて同性パートナーとパートナーシップ契約を締結することは、重婚を禁止している法秩序の枠外に踏み出す行為であるため、そのようなパートナーシップ契約は公序良俗違反として無効であると考えられます。

もっとも、異性との婚姻関係が実質的に破綻しており、保護すべき実態を欠いている場合には、重婚を禁止している法秩序の枠外に踏み出す行為とはみなされず、重ねて締結したパートナーシップ契約が有効とされる余地があります。

ウ　内縁関係（事実婚）としての保護が及ぶか

仮に同性パートナー間に内縁関係（事実婚）が認められるとした場合でも、その一方または双方が婚姻している場合は、当該内縁関係（事実婚）は

38

凡　例

《法令》

憲法	日本国憲法
特例法	性同一性障害者の性別の取扱いの特例に関する法律
改正民法	民法（平成30年法律第72号）
DV防止法	配偶者からの暴力の防止及び被害者の保護等に関する法律
ストーカー行為等規制法	ストーカー行為等の規制等に関する法律
任意後見法	任意後見契約に関する法律
後見登記法	後見登記等に関する法律
雇用機会均等法	雇用の分野における男女の均等な機会及び待遇の確保等女子労働者の福祉の増進に関する法律
セクハラ指針	事業主が職場における性的な言動に起因する問題に関して雇用管理上講ずべき措置についての指針（平成18年厚生労働省告示第615号　最終改正：平成28年8月2日厚生労働省告示第314号）
女性活躍推進法	女性の職業生活における活躍の推進に関する法律
女性活躍推進法等改正法	女性の職業生活における活躍の推進に関する法律等の一部を改正する法律

凡 例

労働施策総合推進法	労働施策の総合的な推進並びに労働者の雇用の安定及び職業生活の充実等に関する法律
労働者派遣法	労働者派遣事業の適正な運営の確保及び派遣労働者の保護等に関する法律
育児・介護休業法	育児休業、介護休業等育児又は家族介護を行う労働者の福祉に関する法律
個人情報保護法	個人情報の保護に関する法律
個人情報保護法施行令	個人情報の保護に関する法律施行令
個人情報保護法規則	個人情報の保護に関する法律施行規則
個人情報保護法ガイドライン（規則編）	個人情報の保護に関する法律についてのガイドライン（通則編）
プロバイダ責任制限法	特定電気通信役務提供者の損害賠償責任の制限及び発信者情報の開示に関する法律
児童生徒課長通知	性同一性障害に係る児童生徒に対するきめ細かな対応の実施等について（平成27年4月30日27文科初児生第3号）

凡　例

《文献》

民集	最高裁判所民事判例集
民録	大審院民事判決録
家月	家庭裁判月報
判時	判例時報
判タ	判例タイムズ
労判	労働判例
ジュリ	ジュリスト

「その人」のことを知ろうとする想いであふれた愛のある社会に！

インタビュー

タレント・実業家　はるな愛さん

「その人」のことを
知ろうとする想いであふれた
愛のある社会に！

聞き手：弁護士　五島丈裕

2019年9月24日都内某所

　個人の尊厳と密接に関連した性自認や性的指向の違いによって、差別されたり人権保障に欠けたりしてよいはずがないことは当然です。本書は、この点に関する現在の法的問題をわかりやすく解説した書籍ですが、最初に、この本を手にとる読者のみなさまに、問題の本質をお伝えしたいと思いました。そこで、小さい頃から自らの性に違和感をもって悩んだ経験があり、現在は、タレントや実業家として活躍し、多数の講演もされているはるな愛さんにお話をうかがいました。

プロフィール　はるな愛（はるな・あい）

大阪府出身。松浦亜弥さんのものまね「エアあやや」でブレイクし、バラエティ番組だけでなく歌手や映画監督として活躍中。「Miss International Queen 2009」では世界1位に輝く。芸能活動のほか、講演や自身が経営する店で「子ども食堂」を開設するなど、多くのボランティア活動も行っている。

はるな愛さんインタビュー

Q 日本でも、近年「LGBT」という言葉やLGBTの方が抱える問題について認知されるようになってきていると思います。はるなさんは、日本の現状をどのように感じていますか。

はるな 私たちの子ども時代にはなかったLGBTという言葉ができて、性の多様性に関する問題が認知されるようになってきている一方で、4つの頭文字（注：lesbian、gay、bisexual、transgenderの頭文字）をとったLGBTという言葉でカテゴライズされることに混乱される方もいると思うんですよ。たとえば、私がこの4つのどれかに属さなければならないということであればトランスジェンダーということになってしまうのでしょうけれど、実際は、私はこの4つのどれにもあてはまらない生き方をしています。

4つの頭文字に足して、Q（注：questioningやqueerの頭文字）、X（注：agenderを日本でXジェンダーと呼ぶ場合の頭文字）というように、どんどん増やして表現することもありますけど、そうすると増やす頭文字は人の数だけあると思うんですよ。性はグラデーションで、LGBTという4文字とかで区別することはできないと思っています。だから、私はいつも「LGBT」という名が付く講演会のお仕事をいただいても、「LGBT」については一切語らないんです。

講演会でよく言うのは、こんな頭文字はなくさないといけないということ。本質は、その人がどのように生きてきたのか、その人の個性の問題だと思います。

Q そもそも「LGBT」という言葉で括る問題ではないということでしょうか。

はるな LGBTという言葉ができることによって、性に関する問題が認知されるようになったことはあるとしても、逆に、周りがこの4文字でカテゴライズしてしまっているという問題があると思います。

たとえば、トランスジェンダーの中でも、私は、女になりたいけれども戸籍は変えたくないという意思があるんですよね。それは、自分の本名も含めた過去の自分も全部が自分の人生で、欠けたら自分は存在しないと思ってい

るからです。一方で、私の友だちは、本当に苦しんで女になりたいから全部過去を消したいと言っています。また、レズビアンになりたくて、女性として女性を愛したいからという理由で、性別適合手術を受けたトランスジェンダーの人もいたんですよ。

このようにいろいろな考えや人生観の人について、トランスジェンダー（T）という1つの言葉で括られるものではないと思っています。しかし、世間では一括りで考えてしまう。

Q 「LGBT」という言葉が広まることで、枠にはめてしまうという問題があるのでしょうか。

はるな LGBTという言葉は、本当に最初の一歩の理解の入り口でしかなくて、この言葉ですべてを理解しようとなると、それは間違っていると思います。

そして、「LGBT」という言葉が広まると、今度は、みんなをその言葉にあてはめようとする。日本は、形や枠にあてはめようとするところもあると思います。

☆彡

Q 今後、どのような社会になっていくとよいと思いますか。

はるな 次のステージにいかないといけない、そして、本来、それは、「LGBT」を理解するとかじゃなくて、その人を理解することだと思っています。

たとえば、会社の中で、隣にいる人が何をしてほしかったり、何が必要なのかということを理解しようとする気持ちが大事だと思うんですよね。「LGBT」を覚えてください、問題を解決してくださいとかいう話ではなくて。

隣にいる人のことを考えて、「何か力になることがあったら言ってね」、「私も困ったら言うね」という心遣いが広がればいいと思うんです。それは「LGBT」だけの問題ではなくて、たとえば耳が聞こえない、目が不自由という人たちの気持ちを考えるということと一緒なんですよね。

みんな会社や社会の一員で、その中にいろんな人がいて、人に言えない悩みはみんなあると思う。みんなが、それぞれ隣にいる人の悩みを理解しよう、感じとろう、会社であれば仕事に集中してもらうような環境を作っていこうという意識が高まればいいというのが、私が一番思うことです。

　　Q　私も本当にそう思います。本は、わかりやすいタイトルを付けなければならず、一応、今一番認知されている「LGBT」という言葉を使っていますが……実際は、人の生き方や個性の問題だと思います。周りが「その人」を理解してお互いによい環境を作っていこうという社会になるといいですね。

はるな　たとえば、会社に「LGBT のマニュアル」というのがあったとします。それを見つけた当事者の気持ちというのはすごく苦しいと思うんですよね。だから、そういうことよりも、「その人」には、どういう能力があって、どういうことが得意で、どういうことが苦手かということを理解して、それぞれ得意なことを伸ばしていけるような会社が増えることを願っています。「マニュアル」というのはなくならないといけないし、それはちょっと違うかなと私は思うので。

　　Q　社会に生きる皆が「その人」を理解しようという想いをもつ、それは社会で人が生きていくのに大切で**本質的**なことですよね。

はるな　本当にそうなんですよ。自分は完璧だと思っている人がいても、何も欠けたところがない人はいないと思います。自分の欠けているところは見えづらかったり、小さな問題の方もいらっしゃるかもしれませんけど。

　私の場合は、性の悩みという、社会で生きていくのに乗り越えなければならない大きな壁があったので、悩みをもつ人の気持ちがわかりました。そういう悩みがないと思っている人でも、たとえば新宿二丁目に来て、多数派のゲイの人たちがたくさんいる中に混じれば、少数派になった時の気持ちがわかると思うんです。やはり誰もが考えないといけない問題だと気付くのではないでしょうか。

「その人」のことを知ろうとする想いであふれた愛のある社会に！

☆彡

Q ちょっと話題が変わりますが、はるなさんご自身のことを聞かせてもらってもいいですか。性に違和感があるなと思ったのはいつ頃ですか。

はるな 生まれつきかな。生まれつきと言っても、小さいときはもちろん意識はないと思うんですけど、女の子の物を欲しがったりしていたみたいで。

でも、女の子のおもちゃを欲しがった時点で、「お前は男やろ」とお父さんに怒られていたし。男らしくしろと言って、女の子のおもちゃを選んだら駄目なんだというような環境だったので、それは身近な家族にも言えなかったし、やはり言えない状態ですよね。理解ないですよね。親なんか。田舎に住んでいたしね。今はもちろん仲良しですけどね。

Q 思春期を過ごす学校も大事ですよね。学校はどのような対応をするのがよいと思いますか。

はるな 小学校の性同一性障害の子どもをもつ親御さんとLINEとかでやりとりしていても、思春期で、女の子の格好で行きたいと思っても先生が認めてくれないというのを聞いたり。彼女もいじめられてちょっとへこんでいるとか。

思春期は、一番子どもの心が変化する時期だと思うんですけど、本当にかなうなら、職員室をなくして、先生は職員室へ帰らないで、教室にずっといてほしいと思います。一番、性とかいろんなことに敏感なときに、小学校、中学校は無法地帯なんですよ。学校を取り締まる警察官もいなくて、その中で暴力があったり、いじめがあったり。私もニュース番組で、毎回いじめで自殺とかがあったら本当に落ち込むんですけど、やはり大人がしっかりそこで目を光らせて、子どもの目線で一緒にずっと教室にいてくれたらと思ったことが何度もあったので。先生がいなくなっていじめられるので。だから職員室は、終わってからみんな集まったりするのはいいけど、やはりその中に

5

いる警察的な目線、ルールを守ったり取り締まる目線というのはあってもらいたい。それはLGBTの問題だけでなく、悩みを抱えている子どもを守るために思うところです。

Q 職員室をなくす。斬新なアイディアですが。それはいいかもしれない。

はるな でも、本当にそうなってほしいです。

☆彡

Q はるなさんが、今のように自分らしさをそのまま出していっていいんだと思えたきっかけは、何かあったのでしょうか。

はるな 昔は女の子になりたかったと思っていました。女性として生きていきたいと思っていたんですが、女性としての仕事は当時は何もなかったので。でも何とかして社会で生きていかなければならないので悩みました。

三軒茶屋でお店を始めたときに、初めは女の子のバーにしたかったんです。あまりしゃべらない女の子が1人いて、缶ビールか何か出して、何かニコニコして。そういうお店をしたかったんです。でも、女の子の店は山ほどあって、かわいい子がもっともっといる店がいっぱいあって、どうしたら私の店の扉を開けてくれるのだろうと考えて、自分のやってきたことを振り返りました。大阪時代にニューハーフのお店で働いていたことがあって、そこには面白い人、男の声で話す人、かわいい人、セクシーな人、声がめっちゃ低い人、いろんな人がいて、そこは面白くて、毎晩大行列だったんです。でも、そういうようなお店にする場合は、一番自分の中でコンプレックスで出したくないと思っていた男の部分は出さなければならない。

そのような部分を隠して、東京で第二の人生を歩みたかったけれど、やはり自分と向き合おうと思いました。そして、自分を出してやってみたらお客さまがどんどん、どんどん来てくれて、7人入ったらいっぱいいっぱいな小さな店なのに、立ち見が入って、息ができないぐらいの感じになったんです。頑張っていたら声がつぶれて、全く出なくなったのがきっかけで「エア

「その人」のことを知ろうとする想いであふれた愛のある社会に！

あやや」が生まれたんですけど（笑）。

　今振り返って考えてみると、自分がコンプレックスだと思っていたものが、個性に変わっていたときだったんですよね。それは自分の個性なんだと思ったときに、お店にお客さまが来るようになったんです。一番人に見せたくないところ、見られたくないところだったのに、そこを表現したらお客さまがわっと来てくれたというのが、やはり一番大きいです。自分を出してもいいんだと。そこから人生の歯車が回り出した。もう20年ぐらい前の話ですけどね。

　Q　はるなさんのように、ありのままの自分を出していいんだと思えず悩んでいる人は結構いらっしゃると思うんですけど、そういう人たちに何か伝えたいことはありますか。

はるな　すごく孤独で暗いところにいるかもしれないけど、何か１つの光、小さな光に向かって抜け出そうと思っている意思だけは絶対に忘れないでほしい。そこに向かうには何が今できるだろうということを自分なりに考えて、考えて、ぶち当たって、ぶち当たって、向き合った結果出てくるのがその個人の答えだと思うんですよ。

　ただ、その方法としては、考え抜いて、考え抜いて、考え抜かないと答えは出ないので、何もしないよりは考えてほしいし、すごく悩み悩んでほしいです。そのときに自分のできるものが見えてくると思うので。

　Q　周りにどのような人がいるかも大事ですよね。

はるな　もちろん。人の言葉は本当に心を動かすから、大事だと思います。

☆彡

　Q　はるなさんは、飲食店の経営者でもいらっしゃいますよね。性の問題に悩む方からは、働く環境の悩みも耳にします。

はるな　三軒茶屋にある私の店で、聴覚障害のスタッフを雇ったときに、聴覚障害の人は、どうしたらスピーディーにお客さまの注文を受けることができるかということが問題になったんです。洗い物とか、いろいろ新人がや

7

第1章

基礎知識

1 はじめに

　従来の性のありかたに対する意識は、人の性別は女性または男性に明確に分かれており、女性は男性に、男性は女性に恋愛や性愛の感情をもつのが自然であると理解されてきました。

　しかし、今日では、性のありかたは多様性をもつものと理解されていますが、この多様性とはどのようなことなのでしょうか。

　一般的に性の構成要素として、身体的性別、性自認、性的指向があげられており、性のありかたの多様性を理解するためには、この性の構成要素から理解する必要があります。

2 性の構成要素

(1) 身体的性別

　身体的性別とは、生物学的な性別を意味し、性染色体、生殖腺、ホルモン、内性器、外性器等生物学的に見た性的特徴を指します。身体的性別は、出生時に生物学的な特徴で判別できることが多いですが、性分化の過程で何らかの変化が生じ、性染色体、性腺、内性器、外性器の分化が非典型に発達し、身体的性別を判別することが困難な場合もあります。このように、性染色体、性腺、内性器、外性器が非典型的である生まれつきの状態を性分化疾

第1章　基礎知識

患といいます。

⑵　性自認

性自認とは、性別について、他者から規定されるものではなく、自らがどのようなアイデンティティを有しているかという概念であり、自らが男性と女性のどの性別に属しているか、あるいは属していないかという認識のことを指します。

「自分は女性である」「自分は男性である」「自分は女性と男性の両方である」あるいは「自分は女性と男性のどちらでもない」といったように、身体的性別にかかわらない、自身の性別に関する個々人の認識のことで、「心の性別」ともいわれます。

⑶　性的指向

性的指向とは、性的な興味や魅力、関心の対象がどの性別に向かうか、あるいは向かわないかという概念のことを指します。

一般的には、異性に対して性的な魅力や関心をもつ人々が多いといわれていますが、同性や両性に対して性的な魅力や関心をもつ人々もいます。

また、一方で、いずれに対しても性的な魅力を感じない人々や、性別といったセクシュアリティにとらわれず、すべての人々に対して性的な魅力を感じる人々もいます。

⑷　性の多様性

性のありかたは、身体的性別のみで他人から判断されるものではありません。上記のように、性の構成要素は多様であり、性のありかたはそれらが組み合わされたものですので、女性または男性しかないといった二分的な把握の仕方が不適切であることはわかると思います。

たとえば、身体的性別が同じ男性でも、性自認が男性である人もいれば、女性である人もおり、さらには、性的指向が女性に向かう人もいれば、男性に向かう人もいます。

また、性自認や性的指向について、決めかねていたり、揺れ動いたりする人々もいます。

このように、性のありかたは、身体的性別だけでなく、性自認や性的指向を含めて理解する必要があり、性自認や性的指向を含めた個々人の性のありかたは、まさに多種多様なのです。

それだけでなく、性の構成要素の個々の要素についても、人によって濃淡あるいは強弱があり、個々人によって異なります。

性自認が男性であると認識している人を例にとれば、自分は100％男性であると認識している人もいれば、どちらかといえば男性だが、女性的と感じている部分もあるという人もいます。

性的指向が異性である人々の中にも、自分は100％異性に性的魅力を感じるという人もいれば、70％程度は異性に性的魅力を感じるが、30％は同性に性的魅力を感じるという人もいます。

性の構成要素それぞれについて、濃淡や強弱があることからすれば、そもそもそれらに明確な境界があるわけではないと考えることもでき、それらの構成要素が組み合わされた性のありかたは、もはや無数に存在するともいえそうです。

このような考え方を「性のグラデーション」と表現されています。

3　セクシュアルマイノリティ

(1)　LGBT とは

一般的には、身体的性別と性自認は一致し、かつ、異性に対して性的魅力を感じる人々が多いといわれています。そのため、そうでない人々のことはセクシュアルマイノリティと呼ばれることもあります。

LGBT とは、セクシュアルマイノリティ全体を表すものとして、いまや日常的に耳にしたり目にしたりする言葉ですが、もともとは、レズビアン(lesbian)、ゲイ（gay)、バイセクシュアル（bisexual)、トランスジェンダー(transgender) のそれぞれの頭文字をとったものです。

レズビアンは性自認が女性であり、性的指向が女性に向くセクシュアリティ、ゲイは性自認が男性であり、性的指向が男性に向くセクシュアリティ

第1章　基礎知識

をいいます。

バイセクシュアルは、女性と男性のどちらも恋愛感情・性愛の対象となるセクシュアリティのことをいいます。

トランスジェンダーは、身体的性別と自認する性別が一致しない（自身の身体的性別に違和感をもつ）セクシュアリティのことをいいます。

身体的性別が男性で性自認が女性の人のことを「MTF（male to female）」、身体的性別が女性で性自認が男性の人のことを「FTM（female to male）」と呼ぶこともあります。

レズビアンやゲイ、バイセクシュアルは、性的指向に着目した呼称ですが、トランスジェンダーは性自認に関連する呼称です。

(2)　LGBT 以外のセクシュアルマイノリティ

LGBT は、あくまでもセクシュアルマイノリティの総称であるため、実際には、レズビアン、ゲイ、バイセクシュアル、トランスジェンダー以外にもさまざまなセクシュアルマイノリティは存在します。

性的指向に関して、アセクシュアル（asexual「エイセクシュアル」と呼ばれることもあります）やパンセクシュアル（pansexual）と呼ばれる人々もいます。

アセクシュアルとは、他者に対して性的欲求も恋愛感情も抱かないセクシュアリティです。

パンセクシュアルとは、女性や男性といった性別にとらわれることなく、性別を決めていない人やあいまいな人を含めて性的な魅力を感じることがあるセクシュアリティです。パンセクシュアルは、性愛の対象の性別にとらわれない点で、バイセクシュアルとは異なります。

また、性自認に関して、X ジェンダーあるいはエイジェンダー（agender）と呼ばれる、男女のどちらにも性自認をもたないセクシュアリティの人々もいます。

さらに、まだ自らの性自認や性的指向がはっきりしない、あるいは揺れ動いているクエスチョニング（questioning）と呼ばれるセクシュアリティの

人々もいます。

4　セクシュアルマイノリティは特別ではない

⑴　疾患ではないこと

　古くは、同性愛が精神疾患とされた時期もありましたが、現在では、世界保健機関（WHO）やアメリカ精神医学会、日本精神神経学会などは同性愛を精神疾患とはみなしておらず、ゆえに治療の対象ではありません。

　また、トランスジェンダーの中でも、身体的性別と性自認とが一致せず、自らの身体的性別に持続的な違和感をもち、時には自身の身体的性別を自認する性別に近づけるため性の適合を望むことさえある状態を性同一性障害と呼び、医学的な疾患に位置付けられていましたが、2019年5月25日にスイスのジュネーブで開かれた世界保健機関の総会で了承された「国際疾病分類」改定版（ICD-11）では、性同一性障害が「精神障害」の分類から除外され、「性の健康に関連する状態」という分類の中の「Gender Incongruence（性別不合）」に変更されることになりました。これにより、出生時に割り当てられた性別への違和が「病気」や「障害」ではないとされることになりました。ICD-11は、2022年1月1日から発効します。

　日本では現状、戸籍上の性別を変更することを望むトランスジェンダーは、法律上、精神科を受診して「性同一性障害」という診断を受け、性別適合手術を行うことが必須の要件となっていますが、世界保健機関の総会における、性同一性障害が「精神障害」の分類から除外された「国際疾病分類」改訂版（ICD-11）の了承を受け、今後、戸籍上の性別の変更に性別適合手術を要件とすべきかどうかの議論が高まるのではないかと指摘されています。

⑵　非行ではないこと

　文部科学省においても、過去には同性愛を性非行にカテゴライズしていましたが、すでに性非行からは除外しており、また、近年では、児童生徒課長通知や、「性同一性障害や性的指向・性自認に係る、児童生徒に対するきめ細かな対応等の実施について（教職員向け）」（平成28年4月1日付）の各通知

15

第1章　基礎知識

を発出し、学校を所管・所轄する教育関係機関に対し、個別の事案に応じて、トランスジェンダーを含むセクシュアルマイノリティとされる児童生徒の心情等に配慮した対応をするべく、学校に対する指導・助言を行うよう求めています。

(3)　自己の意思で選ぶものではないこと

そもそも、身体的性別だけでなく、同じく性の構成要素である性自認および性的指向は、あらかじめ自己の意思で選ぶことができるものではなく、自己の意思でコントロールできるものではありません。

これまでセクシュアルマイノリティに向けられてきた偏見や差別は、過去に精神疾患とみなしてきた医療制度や、非行とみなしてきた教育制度などの社会制度にもその一因があると考えられますが、社会制度もセクシュアルマイノリティに対する正しい理解に基づいた制度へと徐々に変革してきており、今後もその流れを加速させていく必要があります。

(4)　LGBT から SOGI へ

セクシュアルマイノリティを総称する用語として、「LGBT」が一般的に使用されてきましたが、上記のように、レズビアン、ゲイ、バイセクシュアル、トランスジェンダー以外にもさまざまなセクシュアルマイノリティが存在することから、セクシュアルマイノリティを総称する用語として「LGBT」を使用することが適切なのか、それだけでなく、セクシュアルマイノリティを総称する用語を使用することで、セクシュアルマイノリティとそうでない人々とをことさらに区別することにつながり、そもそもセクシュアルマイノリティを表す用語自体を使用することが適切なのかという議論がなされてきました。

この点、近年では、「SOGI」（ソジ）という用語が使用されるようになってきています。

「SOGI」とは、性的指向（sexual orientation）と性自認（gender identity）の頭文字をとったもので、すべての人が生まれながらに有している性自認と性的指向に着目して個々人のセクシュアリティを論じるべきであるとの考え

方をもとに生まれた言葉です。したがって、「SOGI」はセクシュアルマイノリティを総称する用語ではありません。

　元来マジョリティとされてきた異性愛者や身体的性別と性自認が一致する人々も、多様なセクシュアリティの1つにすぎず、セクシュアルマイノリティとされてきた人々とは、性自認あるいは性的指向に違いがあるにすぎません。そうだとすれば、セクシュアルマイノリティについてのみ特別の用語を用いる必然性はないとも考えられます。

　むしろ、元来マジョリティとされてきた人々をも包摂する「SOGI」という概念をもとに、個々人のセクシュアリティの多様性を理解し、セクシュアリティいかんによって、差別されたり、偏見にさらされたりするなどの不当な扱いを受けない社会を構築するべきとする考え方が広がりをみせつつあります。

5　セクシュアルマイノリティの人口

　これまでさまざまな機関が、セクシュアルマイノリティの割合を算出してきました。

⑴　株式会社電通

　電通のダイバーシティ＆インクルージョン領域に対応する専門組織である電通ダイバーシティ・ラボでは、2012年と2015年にセクシュアルマイノリティの割合に関する調査を実施しており、2012年が5.2%、2015年が7.6%でしたが、2018年10月に、全国の20〜59歳の6万人を対象に実施したアンケート調査では、8.9%という割合が算出されています。

⑵　株式会社LGBT総合研究所（博報堂DYグループ）

　博報堂DYグループの株式会社LGBT総合研究所が2016年に実施した調査によれば、LGBTの割合が5.9%、LGBTにあてはまらないセクシュアルマイノリティを含めると、8.0%という割合が算出される結果となりました。

⑶　日本労働組合総連合会（連合）

　日本労働組合総連合会（連合）が、2016年に全国の20歳〜59歳の1000名を

対象に実施したインターネットリサーチでは、「レズビアン、ゲイ、バイセクシュアル」が3.1％、「トランスジェンダー」1.8％、「エイセクシュアル」2.6％、「その他」0.5％で、セクシュアルマイノリティの割合は8.0％という結果となっています。

⑷　名古屋市総務局総合調整部男女平等参画推進室

名古屋市総務局総合調整部男女平等参画推進室が2018年7月に名古屋市在住の18歳以上の1万名を対象に実施したアンケート調査では、セクシュアルマイノリティの割合は1.6％との結果となっています。

⑸　国立社会保障・人口問題研究所

2019年1月から2月にかけて、国立社会保障・人口問題研究所が大阪市在住の18歳から59歳までの1万5000名を対象に実施したアンケート調査では、性的指向に関しては「レズビアン・ゲイ」の割合が0.7％、「バイセクシュアル」の割合が1.4％、「アセクシュアル」の割合が0.8％、「決めたくない・決めていない」の割合が5.2％となり、性自認に関しては「トランスジェンダー」の割合が0.7％という結果となっています。

⑹　セクシュアルマイノリティの人口

調査の手法や対象者の範囲、質問方法の違いなどもあって、これらの調査結果にはばらつきはありますが、少なくとも数％の割合で、セクシュアルマイノリティが存在するといえそうです。

この数字からすれば、人口約1億2000万人の日本国内においては、少なくとも数百万人のセクシュアルマイノリティが存在することになります。

この数％という割合は、左利きの人の割合（10％程度といわれています）や血液型がAB型の人の割合（日本では9％程度とされています）とさほど変わるものではありません。

このようにみると、セクシュアルマイノリティは、学校や職場など社会のどこにでもいる当たり前の存在であるということができます。

6 セクシュアルマイノリティが抱える問題

　セクシュアルマイノリティにとって、日常生活の中で不便を強いられたり、精神的な困難に遭遇することは少なくありません。

　性的指向および性自認等により困難を抱えている当事者等に対する法整備を目的として活動している「性的指向および性自認等により困難を抱えている当事者等に対する法整備のための全国連合会」（通称：LGBT 法連合会）が公表している、「性的指向および性自認を理由とするわたしたちが社会で直面する困難のリスト〔第2版〕」によれば、LGBT 当事者は、以下のようなさまざまな生活の場面で困難に直面していることがわかります。

①　子ども・教育の場面における困難例

　㋐　学校・大学で仕草が女みたいだと言われ、仕草をまねされたり、笑いのネタにされた。

　㋑　どの部活に入るか迷っていたところ、男性であることだけを理由に、教員から柔道部に無理矢理入部させられた。

　㋒　性的指向について、教員や同級生がおかしいものとしたり、「うちの学校にはいない」と言われ、何も言い返すことができなかった。

　㋓　宿泊行事、健康診断、身体測定など、身体の露出がある場面において、性的指向や性自認による困難を抱えている子どもの想定・配慮がされておらず、身体を見る／見られることへの不快感など苦痛を感じた。

②　就労の場面における困難例

　㋐　職場で性別の不一致について理解が得られず、カミングアウトしたことを咎められたうえで、隠しておくことを強要された。

　㋑　営業職を希望していたが、「オカマっぽい人に営業はやらせられない」と言われ、業務内容を制限された。

　㋒　性的指向や性自認を理由に、解雇や内定取消しをされたり、辞職を強要された。

19

第 1 章　基礎知識

　　㋤　法律上の結婚ができない／していないため、結婚をすすめられた
　　　り、結婚や出産をしていないと一人前ではないというような話をされ
　　　た。

③　カップル・養育・死別・相続に関する困難例

　　㋐　日本人と同性パートナー関係にある外国人が、「日本人の配偶者等」
　　　の在留資格を得ることができなかった。

　　㋑　法的な夫婦ではないため、同性カップルが特別養子を受け入れるこ
　　　とができなかった。

　　㋒　パートナーとの死別に際して、財産をそのパートナーである自分に
　　　譲り渡す旨の遺言状があったが、2 人の関係に否定的なパートナーの
　　　親族からの脅迫を受けて、放棄させられた。

　　㋓　パートナーとの死別に際して、パートナーの名義で賃借していた住
　　　居から退去しなければならなくなった。

　　㋔　パートナーの不慮の死に際して、親族でないことを理由に、身元確
　　　認を行うことができなかった。

④　高齢者に関する困難例

　　㋐　性的指向・性自認に困難を抱える高齢者が、性自認・性的指向につ
　　　いて偏見の強い地域でうわさを立てられることを恐れ、地域活動に踏
　　　み出すことができなかった。

　　㋑　性的指向・性自認に困難を抱える高齢者について、子どもがいない
　　　ため司法書士などが成年後見人になったが、理解がなく、十分に意思
　　　疎通ができなかった。

⑤　医療に関する困難例

　　㋐　パートナーが入院したが、病室での付き添いや看護をさせてもらえ
　　　なかった。

　　㋑　認知症・意識不明状態のパートナーについて、外科手術が必要と
　　　なったが、法律上の親族の同意が必要だと言われ、スムーズに治療を
　　　受けることができなかった。

ⓦ 性同一性障害のホルモン療法に対して健康保険が適用されず、経済
的負担が大きくなり、十分な診療が受けられなかった。

これらの困難例からもうかがえるように、LGBT に対する社会の偏見や
差別から、LGBT であることを隠して生活をしなければならず、自分らし
く生きることができないという状況が、多く発生しています。また、自分ら
しく生きるために LGBT であることを公表した結果、LGBT に対する社会
の理解不足のために、社会生活上の不便、不都合も生じています。

憲法13条前段で定める個人の尊厳の原理、すなわち、「すべて国民は、個
人として尊重される」という原理からすれば、すべての人が、その個性が尊
重されて、自分らしい人生を選択し、自分らしく生きていくことができなけ
ればなりません。

日本でも、この数年の間に、LGBT という言葉が急速に広まり、以前に
比べればかなり LGBT に対する見方や意識が変わってきたといえると思い
ます。たとえば、東京レインボープライドの2013年の参加者数は約１万2000
人（パレードは2100人）でしたが、2019年の参加者数は約20万人（パレードは
１万人）と17倍近くになっていますし、LGBT 支援を積極的に打ち出す企業
も増えてきています。

しかし、このような現象は都市部や大企業等に集中している傾向があり、
日常的に生活している地域、会社、学校といったコミュニティでは、偏見や
理解不足のために、LGBT であることを隠したり、不都合な生活を強いら
れている LGBT がまだ多く存在するのも事実です。

すべての LGBT が、等しく、自分らしい人生を選択して、個人として尊
重されて生活ができるような社会になるには、まだ時間がかかるかもしれま
せん。しかし、個人的な好き嫌いの問題と、社会的な差別の是非は別問題で
あり、すべての人が等しく尊重されるという観点からは、LGBT が存在す
るという事実を受け入れ、LGBT が現在どのような問題に直面しているか
を認識し、どうやって不平等や不都合を是正できるかを社会全体で考える必
要があると思います。

育や責任指標の設置がされているか等の観点からなされていますが、2017年からは評価基準が厳格となり、アメリカ国内に限らずグローバルな活動においても同様の取組みをしているのかという観点からもなされています。

　日本でも、任意団体「work with Pride」が、2016年に日本初の職場におけるLGBTなどのセクシュアルマイノリティへの取組みの評価指標「PRIDE指標」を策定し、同指標に対する企業・団体等の取組みを評価して、優れた企業やベストプラクティスを公表するといった活動がなされています。

　他方、2017年9月、国連人権高等弁務官事務所も、企業のLGBTに対する差別解消の取組みを支援するための国際的な企業行動基準「Standards of Conduct for Business」を公表し、世界中の企業に対して、同基準に定める、①人権の尊重、②職場での差別撤廃、③職場での支援、④市場におけるビジネス上の人権侵害の防止、⑤企業が活動する地域、公共の場での取組みという5つの項目における行動基準を示しました。これは、初めて国連によって示された国際的な統一基準となります。

　報道によると、すでに、コカ・コーラ、Gap、イケア、マイクロソフトなど約15の企業がこの企業行動基準を採用し、支持を表明しているとのことであり、今後は、少なくとも国際的な取引を行う規模の会社では、この企業行動基準を尊重した対応が期待されるといえます。

　このように、国際的には、少なくとも先進諸国においては、企業がLGBTに対する施策を施すことが当然のこととなりつつあり、その施策の実施状況が企業価値にも影響するという状況が生まれています。

【参考資料】　・日本学術会議法学委員会社会と教育におけるLGBTIの権利保障分科会「（提言）『性的マイノリティの権利保障をめざして　―婚姻・教育・労働を中心に―』」（平成29年9月29日）〈http://www.scj.go.jp/ja/info/kohyo/pdf/kohyo-23-t251-4.pdf〉

5　日本語版「レズビアン、ゲイ、バイセクシャル、トランスジェンダーおよびインターセックスの人々に対する差別への取組み　企業のための行動基準」〈https://www.unic.or.jp/files/LGBTI_UN_Broch_JP.pdf〉

第1章　基礎知識

・中西絵里「LGBT の現状と課題 ― 性的指向又は性自認に関する差別とその解消への動き ―」立法と調査394号 3 頁〈http://www.sangiin.go.jp/japanese/annai/chousa/rippou_chousa/backnumber/2017pdf/2017 1109003.pdf〉
・日本弁護士連合会「第 6 回政府報告書審査をふまえて　『自由権規約委員会は日本政府にどのような改善を求めているのか』」（2014年 8 月）〈https://www.nichibenren.or.jp/library/ja/kokusai/humanrights_library/treaty/data/liberty_rep6_pam.pdf〉

8　日本国内の法律

(1)　性同一性障害者の性別の取扱いの特例に関する法律

ア　法の概要

　平成15年 7 月16日、性同一性障害者の性別の取扱いの特例に関する法律（以下、「特例法」といいます）が成立し、平成16年 7 月16日に施行されました。

　本稿執筆時において、日本国内における唯一の法律です。

　特例法は、平成 9 年に社団法人日本精神神経科学会（現在の公益社団法人日本精神神経科学会）が「性同一性障害に関する答申と提言」を発表し、平成10年10月16日に埼玉医科大学において日本で初めて公に性同一性障害の治療として性別適合手術が行われたという社会的状況の中で成立に至ったものといえます。

　この法律によって、性同一性障害者について、性別適合手術などによる「生殖腺がないこと又は生殖腺の機能を永続的に欠く状態にあること」という内容を含む一定の条件において、戸籍上の性別を変更することができるようになりました。

　なお、上記の成立時は、「現に子がいないこと」が要件とされていましたが、平成20年 6 月18日に成立した改正法によって、「現に未成年の子がいないこと」に改められています。

イ　要　件

　特例法に基づき性別の変更が認められるには、性同一性障害者が、以下に該当する必要があります（特例法 3 条 1 項）。

① 20歳以上であること（令和4年4月1日より改正民法による成人年齢引

　　下げにより、「18歳以上」に改正されます）。

② 現に婚姻をしていないこと。

③ 現に未成年の子がいないこと。

④ 生殖腺がないことまたは生殖腺の機能を永続的に欠く状態にあるこ

　　と。

⑤ その身体について他の性別に係る身体の性器に係る部分に近似する外

　　観を備えていること。

　特例法において、「性同一性障害者」とは、生物学的には性別が明らかで
あるにもかかわらず、心理的にはそれとは別の性別であるとの持続的な確信
をもち、かつ、自己を身体的および社会的に他の性別に適合させようとする
意思を有する者であって、そのことについてその診断を的確に行うために必
要な知識および経験を有する2人以上の医師の一般に認められている医学的
知見に基づき行う診断が一致しているものをいいます（特例法2条）。

ウ　効　果

　性別の取扱いの変更の審判を受けた者は、法令の規定の適用について、法
律に別段の定めがある場合を除き、その性別につき他の性別に変わったもの
とみなされます（特例法4条2項）。法令上、変更後の性別で社会生活を送る
ことができるようになります。

　なお、上記は遡及するものではなく、法律に別段の定めがある場合を除
き、変更前に生じた身分関係および権利義務には影響を及ぼすものではあり
ません（特例法4条2項）。

(2)　差別解消に向けた法制化の動き

　LGBTの差別解消に向けた法制化について、日本国内でも動きがありま
す。

　国会では、LGBTの差別解消に係る法的課題を検討する超党派の国会議
員有志による「LGBTに関する課題を考える議員連盟」が発足しました。

　また、現在、「性的指向又は性自認を理由とする差別の解消等の推進に関

第1章　基礎知識

する法律案」が衆議院に提出されています。これは、差別解消を推進するための方針・計画などを定め、行政機関や事業者が差別的取扱いを行うことを禁止すると同時に、雇用（募集・採用）の際の均等な機会を提供し、ハラスメントを防止すること、学校などでいじめなどが行われることがないように取り組むことなどを定めたものでした。

　また、法案提出には至っていませんが、自由民主党は、平成28年4月に「性的指向・性自認の多様なあり方を受容する社会を目指すためのわが党の基本的な考え方」、33項目の政府への要望および「性的指向及び性自認の多様性に関する国民の理解の増進に関する法律案概要」を取りまとめたと報じられています。

　そして、アウティングに関しては、令和元年5月29日に成立した「女性の職業生活における活躍の推進に関する法律等の一部を改正する法律案（女性活躍推進法等改正法。①女性活躍推進法、②労働施策総合推進法、③雇用機会均等法、④労働者派遣法、⑤育児・介護休業法の法律改正を含む内容となっており、パワーハラスメント防止措置の義務化については②に規定されています）」の附帯決議において、パワーハラスメント防止対策に係る指針の策定にあたり、包括的に行為類型を明記する等、職場におけるあらゆるハラスメントに対応できるよう検討するとともに、職場におけるあらゆる差別をなくすため、性的指向・性自認に関するハラスメントおよび性的指向・性自認の望まぬ暴露であるいわゆるアウティングも対象になり得ること、そのためアウティングを念頭においたプライバシー保護を講ずることを明記することとされました。

9　その他の国の動き

　文部科学省は、平成27年4月、児童生徒課長通知を発出し、LGBT（性的マイノリティ）の児童生徒に対する配慮を求め、平成28年4月、教職員の理解を促進することを目的とした教職員向けの周知資料を作成して公表しました。

そして、いじめ防止対策推進法に基づく基本方針について、LGBTの子どもたちへの必要な対応が盛り込まれる改定がなされました（「いじめの防止等のための基本的な方針」（最終改定平成29年3月14日））。

また、雇用機会均等法に基づくセクハラ指針については、LGBT（性的マイノリティ）もセクシュアルハラスメントの対象になるとする改正がなされ、平成29年1月より施行されています。

人事院規則の運用通知の改正もあり（「人事院規則10－10（セクシュアルハラスメントの防止等）の運用について」（最終改正平成28年12月1日職職―272））、性的指向や性自認をからかいやいじめの対象とする言動もセクシュアルハラスメントの対象になることが明確化されて、平成29年1月1日より施行されています。

10　地方自治体の取組み

(1)　同性パートナー証書等の発行制度

東京都の渋谷区と世田谷区は、平成27年11月に同性パートナーに関する証書を発行する制度を開始しました。

渋谷区は、渋谷区男女平等及び多様性を尊重する社会を推進する条例を制定し、公正証書の作成等を要件として、男女の婚姻関係と異ならない程度の実質を備える戸籍上の性別が同一である二者間の社会関係を「パートナーシップ」として、その証明書を発行しています。

世田谷区は、行政内部で策定できる非権力的な要綱により、同性パートナーの宣誓書に収受印を押したものを交付しています。

三重県伊賀市、兵庫県宝塚市、沖縄県那覇市、北海道札幌市も同様の制度を開始するに至っています。

(2)　差別的取扱いの禁止等

大阪市淀川区では、平成25年9月、「LGBT支援宣言」を出しました。地方公共団体の先駆け的な動きといえます。

東京都の文京区や多摩市では、条例において、性的指向や性自認を理由と

第1章　基礎知識

する差別的取扱いを禁止することを明示しています（「文京区男女平等参画推進条例」（平成25年11月施行）、「多摩市女と男の平等参画を推進する条例」（平成26年1月施行））。

東京都国立市では、国立市女性と男性及び多様な性の平等参画を推進する条例（平成30年4月1日施行）において、「何人も、性的指向、性自認等の公表に関して、いかなる場合も、強制し、若しくは禁止し、又は本人の意に反して公にしてはならない」（8条2項）というアウティングを禁止する規定を設けており、注目されています。

11　企業の取組み

(1)　経団連の提言

一般社団法人日本経済団体連合会（経団連）は、平成29年5月16日、「ダイバーシティ・インクルージョン社会の実現に向けて」において、ダイバーシティ・インクルージョン社会を実現するうえで重要なファクターの1つである LGBT（性的マイノリティ）に焦点を当て、適切な理解・知識の共有と、その認識・受容に向けた取組みを推進するように提言し、その具体的な例を示しました。

(2)　企業の取組みを評価する動き

企業などの団体において LGBT（セクシュアル・マイノリティ）に関するダイバーシティ・マネジメントの促進と定着を支援する任意団体「work with Pride」（以下、「wwP」といいます）があります。

wwP は、平成24年に日本アイ・ビー・エム株式会社が国際 NGO ヒューマン・ライツ・ウォッチと共同で、日本の LGBT 従業者の支援を目的としたセミナーを企画したことから始まっています。

wwP は、平成28年6月に LGBT 施策に関する取組みを評価する指標（PRIDE 指標）を策定してリリースしました。

PRIDE 指標運営委員会がまとめた「PRIDE 指標2017レポート」によると、110社が応募し、最高評価のゴールドを受賞したのは87社と報告されて

います。また、応募企業のうち88社が大企業とも報告されており、大企業において、LGBT に関する課題の解決に関心があり、その施策を進めていることがうかがわれます。

令和2年の東京オリンピック・パラリンピック大会において開催に必要な物品・サービスの調達基準や運用方針を定めた調達コード（公益財団法人東京オリンピック・パラリンピック競技大会組織委員会「東京2020オリンピック・パラリンピック競技大会　持続可能性に配慮した調達コード〔第1版〕」（平成29年3月24日策定））では、サプライヤー等は、調達物品等の製造・流通等において、LGBT（性的少数者）等の権利尊重をしなければならないことが明記されました。

このような動きは、企業における LGBT 施策の取組みを後押しするものといえるでしょう。

第2章 家庭（パートナー）・社会生活をめぐる問題への対応

Q1 同性パートナーの婚姻

　日本では同性間の婚姻が認められていませんが、同性パートナーとの間で婚姻した場合と同様の関係を作りたいと思っています。
　① 同居、扶養、相続等の婚姻した場合と同様の法的関係を築く方法はありますか。
　② 同性パートナーは異性と婚姻しているのですが、どのような問題がありますか。

1　婚姻した当事者間の法律関係（設問①）

　婚姻した夫婦には、主に以下のような法律関係が発生します。
　①親族関係の発生（民法725条）、②夫婦同氏（民法750条）、③同居・協力・扶助義務（民法752条）、④婚姻費用分担義務（民法760条）、⑤日常家事債務の連帯責任（民法761条）、⑥夫婦のいずれに属するか明らかでない財産の共有推定（民法762条2項）、⑦貞操義務（民法770条1項1号）、⑧子に対する共同親権（民法818条3項本文）、⑨一方が死亡した場合、他方が配偶者として相続人となる（民法890条）。

33

第 2 章　家庭（パートナー）・社会生活をめぐる問題への対応

2　同性パートナー間に法的関係を構築する方法（設問①）

　現在、同性間での婚姻は認められておらず、婚姻した場合と全く同様の法律関係を構築することはできません。

　もっとも、婚姻以外の法制度を利用したり、パートナー間でパートナーシップ契約を締結することにより、一定の法律関係を構築することは可能です。

(1)　婚姻以外の法制度を利用する方法

ア　養子縁組した当事者間の法律関係

　婚姻以外の法制度としては、養子縁組が考えられ（民法792条以下）、養子縁組をした当事者間には、主に以下のような法律関係が発生します。

　①親族関係の発生（民法727条）、②養子は養親の氏を称する（民法810条）、③相互扶養義務（民法877条１項）、④養親が死亡した場合、養子が相続人となり、養子が死亡した場合、養子に直系卑属がいなければ、養親が相続人となる（民法887条１項・889条１項１号）。

　このように、養子縁組をすれば、親族関係を発生させたり同氏となったりすること、相続権を発生させることは可能ですが、構築される関係は婚姻とはその内容を異にします。

　また、婚姻の場合に発生する、婚姻費用分担義務、日常家事債務の連帯責任、財産の共有推定、貞操義務、子に対する共同親権といった法律関係については、養子縁組では発生しません。

イ　養子縁組を利用する場合の問題点

　養子縁組は親子関係の創設を目的とした制度ですので、婚姻関係に類似した法律関係の構築を目的とした養子縁組の有効性が問題となります。

　この点について判示した裁判例は見当たりませんが、養子縁組の成立要件として、親子としての精神的なつながりを作る意思が求められることからすると（最二小判昭38・12・20判タ166号225頁）、単に婚姻関係に類似した法律

34

関係の構築のみを目的とした養子縁組は無効と判断される可能性があります。

また、現行法上、いったん養子縁組をした相手とは、離縁したとしても改めて婚姻することができないことから（民法736条）、将来、同性間の婚姻が認められた場合、養子縁組をしていることが婚姻の障害となる可能性があります。

(2) パートナーシップ契約を締結する方法

ア　パートナーシップ契約とは

パートナーシップ契約に明確な定義があるわけではありませんが、通常、婚姻関係に準じた法律関係の構築を目的とした契約全般を指します。

イ　有効性

私的自治の原則から導かれる契約自由の原則から、婚姻に準じた法律関係の構築を目的とするパートナーシップ契約も、その内容が公序良俗に反するようなものでない限り、原則として有効であると考えられます。

そして、有効なパートナーシップ契約は、契約当事者に対して法的な拘束力が発生します。もっとも、同性パートナー間での契約ですので、それ以外の第三者に対しては原則として契約の拘束力は及びません。

ウ　内　容

同居・協力・扶助義務、貞操義務、生活費をどのように分担するかなどといった点は、婚姻の場合と類似した法律関係を構築することが可能です。また、契約自由の原則から、公序良俗に反しない限り、どのような内容でも契約に盛り込むことができます。

もっとも、同性パートナー同士が親族関係となることや氏を同じくすること、相互に相手方の相続人となることについては、パートナーシップ契約によって、婚姻と同様もしくは類似した法律関係を構築することはできません。

エ　方　式

口頭での合意も契約として有効ですが、合意内容を明確にしておくために

重婚的内縁として法的な保護は及ばないと考えられます。ただ、婚姻関係が実質的に破綻しており、保護すべき実態を欠いている場合には、内縁関係（事実婚）としての保護が及ぶ余地があると考えられます。

(2) 同性パートナーとその配偶者との婚姻関係における問題点

同性パートナー関係が、同性パートナーとその配偶者との婚姻関係における離婚原因に該当するかが問題となります。

同性間の肉体関係が不貞行為に該当するかについては議論の余地はありますが、婚姻と同様の関係構築を意欲しているような同性パートナー関係にある場合は、婚姻関係を継続しがたい重大な事由に該当する可能性があり、その場合には離婚原因に該当することとなります。

(3) 他方の同性パートナーと配偶者との関係における問題点

同性パートナーとその配偶者との婚姻関係が破たんに至っていない場合、他方の同性パートナーが、配偶者から慰謝料請求を受けることが想定されます。

この点、裁判例には、同性間の肉体関係が不貞行為に該当するかはともかくとしても、同性であっても既婚者と性器に触れることなどによって相手の性欲を刺激・興奮させる等の肉体関係をもった場合には、他方の配偶者は精神的に強い衝撃を受け、従前の夫婦関係が継続することに困難に感じる事態に至るであろうことは通常に想定し得ることであって、婚姻関係における平穏を害し、婚姻関係を破たんさせる原因となる行為であることは明らかであるから、同性の者であっても既婚者であることを知りながら肉体関係を有することは、社会的相当性を逸脱した違法な行為であって不法行為と評価すべきであるとしたものがあります（名古屋地判平29・9・15（平成28年㈰第2547号））。

このように、同性間の肉体関係が不貞行為にあたるか否かについては議論の余地がありますが、同性間の肉体関係は、婚姻関係の平穏を害し、婚姻関係破たんの原因となりうることから、社会的相当性を逸脱した不法行為に該当するとして慰謝料支払義務が生じる可能性があります。

第2章　家庭（パートナー）・社会生活をめぐる問題への対応

Q2　同性パートナーの病気・高齢化問題

同性パートナーが病気になりました。
① 私が同性パートナーへの治療行為に同意したり、同性パートナーと面会をしたりすることはできますか。医療機関からこれを拒絶された場合は、医療機関に対しどのようなことを主張できるのでしょうか。
② 同性パートナーから、判断能力が衰えたときの財産の管理を私に任せたいと言われています。どのような方法がありますか。

1　治療行為に対する同意（設問①）

(1) 同意の法的性質

　医療機関が患者に対し心身への侵襲を伴う治療行為を行うには、患者との診療契約とは別に、患者本人から当該治療行為に対する同意を取得する必要があります。この同意を欠く治療行為は、民事上は不法行為に基づく損害賠償請求を受けるおそれがあり、刑事上は傷害罪等の犯罪に該当する可能性があります。

　そして、患者の治療行為に対する同意は、自己決定権に基づく自己の身体の法益処分として、違法性阻却事由と位置付けられています。

　このように、患者の治療行為に関する同意は、患者本人の自己決定権に基づくものですので、治療を受ける患者本人のみが有する一身専属権であり、本人の家族や親族を含め、第三者には原則として同意権はありません。

　そのため、患者本人が意思表示できる場合には、治療行為に関する同意は患者本人のみが行うこととなります。

(2) 患者本人が意識不明等で意思表示できない場合

　患者本人が意識不明で意思表示ができない場合、実際の医療の現場では、

患者本人の配偶者や親、子など家族に対して同意を求め、家族からの同意を得て治療行為を行っていますが、このような場合、患者本人に対する治療行為に関する同意は、患者本人と法律上の親族関係にある家族でないとできないのでしょうか。

この点、治療行為に関する同意権は患者本人の一身専属権ですので、法律上の親族関係の有無にかかわらず、患者本人以外の第三者には同意権はありません。それにもかかわらず、患者本人が意識不明等で意思表示ができない場合に、医療機関が患者本人と法律上の親族関係にある家族の同意を求めているのは、そのような患者本人と密接な関係にある家族の同意があれば、患者本人の同意が推定されると考えられているからです。

しかし、患者本人の同意が推定されうる家族の範囲は明確ではないですし、家族内で治療方針が対立した場合に、どちらの意見を採用するのかも明らかではありません。

すなわち、患者本人が意思表示できない場合に、患者本人の法律上の親族関係にある家族でないと同意できないというのは、法的根拠があいまいなものといわざるを得ないのです。

(3) 法律上の親族関係にない同性パートナーではどうか

一方、婚姻関係に準じた関係にある同性パートナーは、患者本人にとって家族であり、本人と最も密接な関係にある者といえます。

そうであるとすれば、同性パートナーの同意によって患者本人の同意が推定されると考えることができ、患者本人の法律上の親族関係にある家族による同意と異なる扱いをする理由はないとも考えられます。

(4) 同意を拒絶された場合

患者本人に対する治療行為について、患者の同性パートナーが医療機関から同意を拒絶された場合には、上記のように、患者本人の法律上の親族関係にある家族しか同意できないとすることに法的根拠がないことを伝えたうえで、2人が同性パートナーとして、婚姻関係と同様の関係にあることを説明することが考えられます。

41

第2章　家庭（パートナー）・社会生活をめぐる問題への対応

　その際、住民票やパートナーシップ契約書、パートナーシップ証明書など、2人の関係を裏付ける書類を提示できれば、医療機関側にも受け入れられる可能性が高くなると思われます。

　なお、平成30年3月に厚生労働省が改訂した「人生の最終段階における医療・ケアの決定プロセスに関するガイドライン」には、人生の最終段階における医療・ケアの方針の決定にあたり、本人が自らの意思を伝えられない状態になる可能性があることから、すでに本人が意思表示できない状態となっている場合はもとより、意思表示をなしうる状態にある場合でも、本人の意思を推定しうる者となる家族等の信頼できる者も含めて、事前に繰り返し話し合っておくことが必要であると定められていますが、この「家族等」には、本人が信頼を寄せ、本人を支える存在という趣旨から、法的な意味での親族関係のみを意味せず、より広い範囲の人（親しい友人等）を含むとされており（「人生の最終段階における医療・ケアの決定プロセスに関するガイドライン」解説編）、婚姻関係に準じた関係にある同性パートナーも「家族等」に該当する根拠として主張しうると考えられます。

2　面会（設問①）

(1)　面会制限がなされる場合

　患者本人が生命の危機にあるような重篤な病状で、集中的な治療を行うためICUに収容されている場合など、医療機関が患者本人との面会制限を設ける場合があります。

　面会制限は、患者本人に対する集中的かつ効率的な治療・ケアのほか、感染防止、患者本人の安静の保持、プライバシーの保護などを目的に設けられており、面会制限の内容は、患者本人の病状や医療機関によって異なりますが、おおむね、1回に面会できる人数や面会時間、面会ができる人などについて制限が設けられています。

　仮に、医療機関が、患者本人と法律上の親族関係にある家族にしか患者本人との面会を認めないとの面会制限を設けている場合、患者本人と法律上の

親族関係にない同性パートナーは患者本人との面会ができないのでしょうか。

(2) 家族に面会を許可する理由

患者本人との面会を誰に認めるかは、施設を管理する医療機関にゆだねられており、医療機関が、患者本人と法律上の親族関係にある家族しか面会を認めないのであれば、法律上の親族関係にない同性パートナーは患者本人との面会ができないことになりそうです。

しかし、患者本人に対する集中的かつ効率的な治療・ケア等が必要とされる病状の中、家族に患者本人との面会を認めているのは、心身ともに危機的な状況にある患者を支えるためには、家族の存在が大きく、患者と家族が接するための機会を設けることが重要であると考えられているからです。

そうであるとすれば、患者本人と婚姻関係と同様の関係にある同性パートナーの存在は、患者本人にとっては家族そのものであり、法律上の親族関係にある家族と異なる扱いをする理由がないことはもとより、むしろ、心身ともに危機的な状況にある患者にとって、その精神的な支えとしてなくてはならない存在であるともいえます。

(3) 拒絶された場合の対応

患者の同性パートナーが、医療機関から、法律上の親族関係にないことを理由に患者本人との面会を拒絶された場合には、自身が患者本人と婚姻関係と同様のパートナー関係にあることを説明することが考えられます。

患者本人との面会を受け入れるか否かは、医療機関の判断にゆだねられることになりますが、その際、住民票やパートナーシップ契約書、パートナーシップ証明書など、2人の関係を裏付ける書類を提示できれば、医療機関側が患者本人との面会を許可する可能性が高まるといえます。

なお、患者本人が、事前に、緊急時連絡先カードなどに、事故や病気などで家族への連絡が必要となった場合の連絡先として同性パートナーの連絡先を記載している場合には、医療機関が受け入れる可能性はさらに広がるものと思われますので、自身が事故に遭ったり、病気になったりした場合などの

第2章　家庭（パートナー）・社会生活をめぐる問題への対応

緊急事態に備えて、あらかじめ、そのような場合に連絡や面会を望む人物、連絡先等を記載した緊急時連絡先カードなどを準備しておくとよいでしょう。

3　後見制度の概要（設問②）

　本人の判断能力に問題が生じ、財産の管理や法律行為を有効に行うことができなくなった場合、成年後見制度を利用することによって、第三者が本人に代わって財産の管理や法律行為を行うことが可能となります。

　成年後見制度には、成年後見、保佐、補助という法定後見制度（民法7条～21条・838条～876条の10）と、本人との契約を前提とする任意後見制度（任意後見法）とがあります。

　この点、法定後見制度は、本人の判断能力に問題が生じてはじめて利用できる制度であることに加え、申立権者が、本人のほか、本人と一定の法律上の親族関係にある者に限られているため、同性パートナーは、たとえ婚姻関係と同様の関係にあったとしても、本人のために法定後見制度を申し立てることができません。

　一方、任意後見制度は、本人の判断能力に問題が生じる前に、本人との契約で、あらかじめ、本人の判断能力が衰えた場合に、本人の財産の管理や本人に代わって法律行為を行う任意後見人（任意後見が開始される前は「任意後見受任者」といいます）を定めておくもので、任意後見受任者には本人との親族関係は必要とされていないため、同性パートナーも利用することができます。

　そのため、同性パートナー間においては、任意後見制度を利用して、判断能力が衰えた場合に備えて、あらかじめ、財産の管理や法律行為を代理する者を定めておくことが有用です。

4　任意後見の手続（設問②）

　まず、任意後見契約を締結しますが、任意後見契約を締結するには、本人

44

と任意後見受任者との合意だけでなく、公正証書を作成しなければなりません（任意後見法3条）。

そして、任意後見契約は、締結後、登記をすることが必要となります（任意後見法4条1項本文）。

なお、この登記は、任意後見契約締結後、公証人が登記所へ嘱託して行うこととなります（後見登記法5条、公証人法57条の3）。

任意後見契約は、本人が、任意後見受任者に対し、精神上の障害により事理を弁識する能力が不十分な状況における自己の生活、療養看護および財産の管理に関する事務の全部または一部を委託し、その委託に係る事務について代理権を付与することを内容とし、任意後見監督人が選任された時からその効力を生ずる旨の定めをする必要がありますが（任意後見法2条1号）、これに抵触するものでなければ、そのほかは自由に定めることができます。

実際に本人の判断能力が衰えたときは、家庭裁判所に任意後見監督人選任の申立てを行います（任意後見法4条1項本文）。この申立ては、本人や本人と一定の法律上の親族関係がある者のほか、任意後見受任者も申し立てることができます（同項本文）。

そして、家庭裁判所で任意後見監督人が選任されてはじめて任意後見契約は効力が生じ、任意後見契約に基づく本人に対する任意後見が開始されることとなります（任意後見法2条1号）。

任意後見制度では、同性パートナーが任意後見受任者であれば、同性パートナーに任意後見監督人選任の申立権があり、また、任意後見契約において、本人の意向を踏まえたきめ細かな後見事務の内容を設定できるため、同性カップルの財産管理を含めた老後の生活の安定を図るうえで有用な制度です。

第2章　家庭（パートナー）・社会生活をめぐる問題への対応

Q3　同性パートナー間における子ども

① 同性パートナーには連れ子がいますが、私がその子どもの親となることはできますか。また、同性パートナーの代理出産や生殖医療により、子どもをもつことはできますか。出産した子どもと私の関係はどのようになりますか。

② 同性パートナーが病気になりました。私が、同性パートナーの子どもの治療方針に同意したり、面会をしたりすることはできますか。これを拒絶された場合は、どのようなことを正当に主張できるのでしょうか。

1　同性パートナーの子どもとの養子縁組

(1)　養子縁組制度を利用する場合

　同性パートナーの連れ子との間で法律上の親子関係を発生させる方法として、普通養子縁組制度を利用することが考えられます（本章Q1参照）。

　連れ子が成人の場合は、連れ子との間で普通養子縁組の手続をとるだけで手続が完了しますが、連れ子が未成年の場合は、家庭裁判所の許可を得る必要があります（民法798条）。さらに、連れ子が15歳未満の場合は、連れ子の法定代理人および監護権者（ただし、監護権者が別にいる場合）の同意が必要となります（民法797条）。

　そのため、同性パートナーの離婚が成立しており、子どもの親権を得ている場合（かつ、元配偶者には監護権がない場合）には、同性パートナーの承諾があれば手続を進めることができますが、同性パートナーの離婚が成立していないときは、元配偶者（連れ子の実親）が親権を引き続き有している場合はもちろん、親権を停止されている場合であっても、原則としてこの実親の承諾が必要となるため、養子縁組が難しくなることが予想されます。

なお、養子縁組制度には、実親との親子関係を喪失させる特別養子縁組制度もありますが、同制度を利用するためには、法律上の夫婦（異性婚）がともに養親になることが要件とされているため（民法817条の3）、同性パートナーの場合には利用できません。

(2) 子どもの戸籍と養育費

同性パートナーの連れ子を養子にすると、養親と連れ子との間に法律上の親子関係が発生します。その結果、連れ子は養親の戸籍に入り、養親と同じ苗字を名乗ることになります。また、実親は親権を失い、養親のみが親権者となります。

なお、同性パートナーの元配偶者から（実親である）同性パートナーに養育費が支払われていた場合、養子縁組により、養育費の請求権者は第一次的には親権者である養親に移ります。そのため、養育費算定の前提条件が異なることになるため、以後の養育費の支払いがなされない、あるいは、金額の変更を申し立てられる（減額となる）ということもあり得ます。

2 里親制度の利用

(1) 里親制度とは

里親制度とは、児童福祉法に基づき、要保護児童（保護者のない児童または保護者に監護させることが不適当であると認められる児童）の養育を、都道府県（指定都市・児童相談所設置市を含む）が里親に委託する制度で、里親には、里親手当てや養育費が自治体から支給されます。

里親と子どもに法的な親子関係はなく、通常は実親または養親が親権をもったままとなります（なお、後日養子縁組をすることを前提とした里親制度もあります）。しかし、子どもたちを、温かい愛情と正しい理解をもった家庭環境の下で養育する制度であり、親子同様の生活実態を送ることが期待されます。

なお、里親制度は、要保護児童を対象としているため、保護者に特段の問題のない本問のようなケースでは、通常は利用できません。

第2章　家庭（パートナー）・社会生活をめぐる問題への対応

⑵　要　件

　里親となるための法律上の条件は、①要保護児童の養育についての理解および熱意並びに要保護児童に対する豊かな愛情を有していること、②経済的に困窮していないこと（要保護児童の親族である場合を除く）、③養育里親研修を修了したこと、④里親およびその同居人が欠格事由に該当しないことですが（児童福祉法6条の3第2項・34条の20、同法施行規則1条の35）、具体的な基準は各都道府県で異なっています。

　同性パートナーを里親として認めるかどうかも、各都道府県の裁量にゆだねられていましたが、平成29年4月の報道で、大阪府が日本で初めて同性パートナーを里親に認定したことが発表されました。また、同性カップルを実質的に里親に認定しない基準を設けていた唯一の自治体であった東京都も、これまでの基準を改定し、平成30年10月から同性パートナーも養育親となることができるようになりました。

3　代理出産・生殖医療

⑴　ガイドライン

　厚生労働省のガイドラインでは、第三者からの精子・卵子提供については、不妊症のために子をもつことのできない法律上の夫婦に限定されており、また、代理出産は禁止されています（厚生労働省厚生科学審議会生殖補助医療部会「精子・卵子・胚の提供等による生殖補助医療制度の整備に関する報告書」（平成15年4月））。また、日本産科婦人科学会から平成27年6月に発表された「提供精子提供精子を用いた人工授精に関する見解」でも、引き続き、非配偶者間の人工授精の被実施者は、法的に婚姻している夫婦に限定されています。

　そのため、同性パートナーが、日本国内でこれらの医療を受けることは、極めて難しいといえます。

⑵　留意点

　このような状況において、子どもをもちたいと希望するレズビアンのカッ

プルが他の男性から私的に精子提供を受けて出産するというケースや、ゲイのカップルが他の女性に子どもを産んでもらうということも、実際には行われています。

レズビアンのカップルとゲイのカップルとの間で子どもをもうけて、出産後は4人で育てるというケースもありますが、単に第三者から精子提供者を受けたり、代理母になってもらったケースでは、出産後にこれらの第三者や代理母が子どもに執着して子どもをめぐるトラブルに発展することもあり得ます。特に代理出産の場合は、出産の事実により代理母と子どもには当然に親子関係が発生しますが、精子提供をしたゲイのカップルに法的な親子関係を発生させるためには子どもの認知をしなければならず、また、親権を得るためには代理母から親権者を変更しなければならないため、代理母が非協力的な場合には、これらの手続がとても困難となります。さらに、生まれた子どもにとっては、誰が実の親か、自分はどういう境遇で生まれてきたのかといったことについて悩んだり、自分のアイデンティティに混乱が生じることも考えられます。

このほかにも、私的な精子提供、代理出産には、妊娠中の流産・中絶等の問題、出産時の母体リスクの問題などの複雑な問題を孕んでいますので、慎重な決断と覚悟が必要です。

4 子どもの医療行為への同意権

(1) 養子縁組をしている場合

医師が医療行為を行う場合は、原則として患者の同意が必要です。患者が未成年の場合も同様であり、当該未成年者に同意する能力(医療行為の意義や内容を理解し、これに伴うリスクを理解したうえで、その医療行為を受け入れるか否かを判断できる能力)がない場合には、親権者にこれらの医療行為を同意する権利がありますし、親族としての面会も可能です(民法820条・857条)。

よって、同性パートナーの連れ子と養子縁組をしている場合には、親権者として医療行為に同意をすることができますが、養子縁組をしていない場合

第2章　家庭（パートナー）・社会生活をめぐる問題への対応

は、医療行為に同意することはできません。

(2)　裁判例

実親が意思能力を喪失し、親権者として子どもの治療方針への同意ができ
ないような場合には、親権者以外の「家族」から同意を得ざるを得ない状況
となります。

裁判例でも、特別の関係にある患者の近親者に対する説明と承諾があれ
ば、患者に説明しなくとも説明義務を懈怠したことにならないとするものや
（東京地判平元・4・18判時1347号62頁）、保護者的立場にあって信用のおける
家族に説明をすれば医師法20条の禁止行為にはあたらず、違法性を欠くと判
断しているもの（千葉地判平12・6・30判タ1034号177頁）等がありますが、こ
の「特別の関係にある患者の近親者」や「家族」とはどのような者をいうの
かはあいまいであり、生活をともにしている同性パートナーの同意をもって
「家族」の同意といえるのかは、少なくとも現時点ではかなり難しいように
思われます。

(3)　里親の場合

なお、里親については、子どもの生命または身体の安全を確保するため緊
急の必要があると認めるときは、その親権者等の意に反しても、医療行為を
受けさせることができるとされています。具体的には、里親委託中の子ども
に緊急に医療を受けさせる必要があるが、緊急に親権者等の意向を把握でき
ない場合や、親権者等が治療に同意しない場合においても、里親の判断によ
り、医療機関は子どもに必要な医療を行うことができます（平2・3・5児
発第133号厚生省児童家庭局長通知）。

【参考文献】　日本弁護士連合会「医療同意能力がない者の医療同意代行に関する
法律大綱」（2011年）〈http://www.nichibenren.or.jp/library/ja/opinion/report/
data/111215_6.pdf〉

Q4 同性パートナー関係の解消

同性パートナーと別れたいと思っていますが、どのようなことに気を付けるべきですか。
① お互いに築いてきた財産は、どのように分けるべきでしょうか。
② 別れ話を切り出した相手からストーカー被害に遭っていますが、どうしたらよいでしょうか。
③ 子どもの親権はどのようになりますか。
④ お互いに遺言書を作成していますが、どうしたらよいでしょうか。

1 財産関係の解消

(1) 財産分与

　同性パートナーが生計をともにする間に形成された共有財産の清算に関しては、異性婚における夫婦共有財産の分配と同じく、同居期間中に形成、増加された財産額や財産形成における貢献度などを勘案して分割、清算するのが公平です。

　しかし、同性パートナーに関しては、異性婚における財産分与の規定（民法768条・771条）が適用されないため、パートナーシップ解消の際に、共有財産の清算をどのように実現するかという問題が生じます。なお、異性間の内縁関係（事実婚）に対して、財産分与の規定を類推適用するという理論が裁判例により認められていることを考えると（広島高決昭38・6・19判時340号38頁、大阪高決昭40・7・6家月17巻12号128頁等）、今後、裁判所の判断で、同性パートナーにも、内縁関係（事実婚）として、財産分与の規定の法的保護が与えられる可能性はありますが、現時点では消極的と考えざるを得ません。

第2章　家庭（パートナー）・社会生活をめぐる問題への対応

(2)　共有持分の明確化

　共有財産の清算をするにあたっては、まずは双方の話し合いで解決するのが望ましいですが、話し合いで解決できなかった場合は、通常の所有権の存否に関する争いとして、所有権確認訴訟や共有物分割請求訴訟等による解決を検討することになります（訴訟に至る前に、民事調停で解決を目指す方法もあります）。

　このような事態に備えて、同性パートナーとの間でパートナーシップ契約を締結し、持分割合や清算方法を合意しておくこと、また、不動産など登記・登録が可能なものについては、できるだけ早期に共有名義にしておくことが有効です。これにより、パートナー関係解消時に自己の共有持分を証明し、あるいは、同性パートナーが死亡した場合にその法定相続人に対して自己の共有持分を主張することが容易になります。

　なお、財産の共有関係の解消の結果、一方の名義の財産が他方に移転する場合、この財産の移転が「贈与」と扱われて課税されるという事態もあり得ますので、税務的観点からも十分注意をする必要があります。

2　ストーカー被害が生じた場合

(1)　ストーカー行為等規制法

　パートナー関係の解消に伴い、同性パートナーからストーカー被害が生じている場合、被害者は、ストーカー行為等規制法による保護を受けることができます。

　ストーカー行為等規制法では、特定の者に対する恋愛感情その他の好意の感情またはそれが満たされなかったことに対する怨恨の感情を充足する目的で、当該特定の者やその親族等（当該特定の者と社会生活において密接な関係を有する者）に対し、つきまとう、面会を強要する、拒まれたにもかかわらず、連続して電子メールの送信等をするといった一定の行為を「つきまとい等」と定義し（ストーカー行為等規制法2条2項）、また「つきまとい等」を反復してすることを「ストーカー行為」と定義して罰則を設けています（同

条3項)。

ストーカー行為等規制法は、同性からのつきまとい、ストーカー行為も対象としているので、同性パートナーからのストーカー被害が生じている場合には、警察に被害を申し出て、警察から相手に対して、警告や禁止命令を出してもらうことができます。

(2) DV防止法

また、同性パートナーからの身体に対する暴力、または、これに準ずる心身に有害な影響を及ぼす言動がある場合には、DV防止法による保護を受けることができる可能性があります。

平成25年改正前のDV防止法では、保護の対象を「配偶者」ないし「婚姻の届出をしていないが事実上婚姻関係と同様の事情にある者」に限定していたところ、同改正により、「生活の本拠を共にする交際（婚姻関係における共同生活に類する共同生活を営んでいないものを除く。）をする関係にある相手からの暴力」等を受けた者にも保護の対象が拡大されました。

改正時の立法趣旨からは、同性パートナーを同法の保護対象に当然に含むかどうかは不明確であるとする反対意見も強く存在するようですが、少なくとも、法律の文言上は同性パートナーは排斥されていないこと、また、日本経済新聞等の報道によると、改正前（平成19年）にも、西日本でレズビアンのカップルを対象とする保護命令が発令されていることからすると、同法に基づく保護を求めることも可能と考えられます。

3 子どもの親権の問題

(1) 養子縁組の解消

同性パートナーの一方が、他方の連れ子を養子にしている場合、同性パートナー関係解消後も引き続き養子関係を継続すべき特段の事情がない限り、通常は、同性パートナー関係の解消に伴い養子縁組の解消（離縁）手続をとることになります。養子関係を解消できないと、実親は、同性パートナー関係解消後も、子どもの親権を行使できないことになるからです（本章Q3参

第2章　家庭（パートナー）・社会生活をめぐる問題への対応

照）。

(2)　離縁の方法

　離縁の方法は、①協議離縁（民法811条1項）、②調停離縁（家事事件手続法257条1項）、または、③裁判離縁がありますが、裁判離縁の場合は離縁原因が、他の一方から悪意で遺棄されたとき、他の一方の生死が3年以上明らかでないとき、および、その他縁組を継続しがたい重大な事由があるとき（民法814条）に限定されているため、離縁が容易にできないこともあり得ます（本章Q3参照）。

　なお、離縁時に子どもが成人していた場合は、子どもとの間での手続となるため、同性パートナー間で離縁に合意していても、子どもが同意しなければ容易に離縁できないということにも注意が必要となります。

4　遺言書の撤回等

　同性パートナー関係解消時に、すでに作成済みの遺言がある場合、同遺言を維持するかどうかの検討も必要となります。遺言を維持しない場合は、その全部または一部を撤回する遺言を作成する必要があります（民法1022条）。

　なお、撤回の遺言を書く以外にも、すでに存在する遺言と抵触する内容の遺言を再作成した場合（民法1023条1項）や、遺言書や遺言の対象を故意に破棄した場合（民法1024条）も遺言を撤回したことになりますが、疑義が生じないようにするために、いったん全部撤回するほうが安全でしょう。

　なお、生命保険金の受取人が同性パートナーになっている場合や、任意後見契約、財産管理契約等を締結している場合は、これらの変更や解消も検討する必要があります。

5　同性パートナー間の不貞行為

　この問題は、直接的には同性パートナー関係の解消の問題ではありませんが、同性パートナー関係の解消の一事由となることもあります。

　そこで、同性パートナー間においても不貞行為が成立するかが問題になり

54

ます。

　この点、女性であるXが、Xと同性婚の関係にあった女性であるY₁および後にY₁と婚姻したY₂に対し、Y₁らが不貞行為を行った結果、XとY₁の同性の内縁関係（事実婚）が破綻したとして、共同不法行為に基づき、慰謝料等を請求した事案において、裁判所は、まず、同性のカップル間の関係が内縁関係（事実婚）としての保護を受け得るか否かについては、なお書きにおいて、「現行法上、婚姻が男女間に限られていることからすると、婚姻関係に準じる内縁関係（事実婚）自体は、少なくとも現時点においては、飽くまで男女間の関係に限られると解するのが相当であり、同性婚を内縁関係（事実婚）そのものと見ることはできないというべきである」としながらも、「法律上同性婚を認めるか否かは別論、同性のカップルであっても、その実態を見て内縁関係と同視できる生活関係にあると認められるものについては、それぞれに内縁関係に準じた法的保護に値する利益が認められ、不法行為法上の保護を受け得ると解するのが相当である」と判示し、「（XとY₁は）内縁関係と同視できる生活関係にあったと認めることができる」と認定したうえで、「前記の利益を侵害するものとして不貞行為に当たることは明らかである」と結論付けました（宇都宮地裁真岡支判令元・9・18（平成30年⑺第30号）。ただし、令和元年10月現在控訴中とのことです）。

　本件は、不貞行為による慰謝料請求の事案でしたが、今後は、同性パートナー関係の場合であっても、実態として内縁関係と同視できる生活関係にある場合は、内縁関係に準じた法的保護に値する利益を受けることができる可能性があるということは知っておく必要があると思います。

【参考文献】　清水雄大「日本における同性婚の法解釈⑴」法とセクシュアリティ2号45頁～91頁（2007年）〈http://andlaw.jp/wp-content/uploads/2014/06/SHIMIZU_LegalConstruction.pdf〉

第2章　家庭（パートナー）・社会生活をめぐる問題への対応

Q5　同性パートナーの死亡

① 一緒に暮らしていた同性パートナーが亡くなりました。共同生活で築いた財産は、私が承継できますか。遺族が受け取る生命保険、遺族年金について、私には一切権利がないのでしょうか。
② 遺言書で譲り受けた財産について、同性パートナーの親族から何か主張されることはありますか。
③ お葬式をはじめとした今後の祭祀について、私がとり行ってもよいですか。

1　同性パートナーの相続

現在の日本の法律では同性婚は認められていないため、同性パートナーが亡くなった際に、その相手方パートナーは、仮に、同性婚が認められている国で正式に婚姻手続をとっている場合であっても、日本の法律では亡くなった同性パートナーの法定相続人になることはありません。

同性パートナー間で築いた財産であっても、それが死亡したパートナーの名義になっている場合は、死亡したパートナーの遺産として、その法定相続人に相続されることになります。

そのため、同性パートナー間で、養子縁組や遺言をすることによって、相続発生時の資産承継に備えているのが現状です。

2　養子縁組による対応

(1)　養子縁組の方法

養子縁組は、養親になるほうが成人であり、かつ、養子になるほうよりも年長者であれば、原則として、当事者の意思により自由に縁組ができます（ただし、養子となるほうが未成年者の場合は、家庭裁判所の許可が必要です（民法798条））。

養子縁組により、同性パートナー間に法律上の親子関係が発生する結果、次のようなメリットとデメリットが発生します。

なお、同性パートナーに相続権を発生させるために養子制度を利用するものであり、真に親子となる意思があるわけではないため、養子縁組が無効とされる可能性があることには注意が必要です（本章Ｑ３参照）。

(2)　相続権が発生する

養親となったパートナーが死亡した場合、養子となったパートナーが、死亡したパートナーの「子」として第１順位の法定相続人となり、相続権が発生します。ただし、死亡したパートナーに、戸籍上の配偶者やほかの子がいる場合には、それらの者との間で遺産分割を要するため、争いとなる可能性があります。

他方、養子となったパートナーが先に死亡した場合は、死亡したパートナーに戸籍上の配偶者や子が存在しないとき、またはこれらの者が相続を放棄したときには、養親となったパートナーが第２順位の法定相続人となり、相続権が発生します。ただし、この場合でも、死亡したパートナーの実親が存在する場合は、実親との間で遺産分割を要するため、争いとなる可能性があります。

(3)　遺族年金

遺族年金には、「遺族基礎年金」と「遺族厚生年金」があります。

これらの受給権者には、死亡した者によって生計を維持されていた「子」も含まれますが、この「子」とは、18歳到達年度の年度末（３月31日）を経過していない者または20歳未満で障害等級１・２級の者に限定されているため（なお、「遺族基礎年金」については、「子」が婚姻していない場合に限ります）、成人の同性パートナーの場合には、ほとんど適用場面はないと思われます。

なお、「遺族厚生年金」の受給権者に関しては、死亡した者によって生計を維持されていた「父母」も含まれているので、養子となったパートナーが死亡した際に、養親となったパートナーに受給権が発生する可能性がありま

第2章　家庭（パートナー）・社会生活をめぐる問題への対応

す。ただし、死亡した者に配偶者や子が存在する場合は、それらの者が優先するため、受給権は発生しません。

⑷　その他の影響

その他にも、養子となることにより、以下のような影響があります。

ア　名字・戸籍が同一となる

同性パートナーが同じ名字を名乗り、同じ戸籍に入ることができるため、心理的に、家族としての一体感を感じる（あたかも法律婚をしたような気持ちになる）ことができます。なお、この場合、養親となるパートナーの戸籍に養子となるパートナーが入籍し、養親側の名字を名乗ることしかできません（異性婚のように、いずれの戸籍に入るかを選ぶことはできません）。

イ　医療行為への同意ができる

一般に、医療行為が適法であるためには、患者本人の同意があることが必要とされています。しかし、成人の患者本人に同意する能力がない場合には、その患者の意思をもっともよく知るであろう「家族」の同意により、その患者に対する医療行為が行われているのが現状であり、養親子関係にある同性パートナーが、この「家族」として、相手方の医療行為に同意することができる可能性があります。

ただし、患者となったパートナーの他の「家族」、すなわち、実親、実兄弟、実子などと意見が対立した場合に、いずれの意見が優先されるかの争いになることも考えられます。

3　遺言による対応

養子縁組をしなくても、同性パートナー間で遺言を作成し、相続時に財産を承継させることが可能です。

なお、養子縁組をしている場合でも、他の法定相続人がいる場合には、遺産分割での争いを避けるために（あるいは、先順位の法定相続人に対抗するために）遺言を作成することが有効です。

遺言を作成することによって、同性パートナーに財産のすべてを承継する

ことも可能ですが、死亡した者にほかの法定相続人がいる場合には、その法定相続人から遺留分侵害額請求がなされる可能性があり、その場合は、当該法定相続人に対して侵害している遺留分に相当する金額を支払わなければなりません。

なお、遺留分は、死亡した者の兄弟姉妹には認められていないので（民法1028条）、死亡したパートナーの法定相続人がその兄弟姉妹だけという場合には、遺言で「全財産を同性パートナーに承継させる」としておけば、全財産を承継させることができます。

遺言はいつでも書き換えが可能です。そのため、同性パートナー間で遺言を作成しても、その後、何らかの事情で遺言が書き換えられてしまうと、相続発生時に資産承継ができなくなるという事態もあり得ますので、注意が必要です。

4 祭祀の承継者

仏壇や位牌などの「祭具」や、墓石や墓地等の「墳墓」などの祭祀財産は、通常の相続の対象となりません（民法897条）。祭祀財産は、第1に被相続人の指定により、第2に慣習により、第3に家庭裁判所が定めることにより、その承継者が決まります。

祭祀承継者の指定の方式は決まっておらず、また、祭祀承継者となるべき者の資格に制限はないので、死亡した同性パートナーが生前に書面または口頭で、あるいは、遺言で、祭祀承継者として他方のパートナーを指定していれば、他方のパートナーが祭祀承継者となることができます。

ただし、同性パートナーを祭祀承継者とする場合には、親族や墓地管理者に権利関係を明確に示す必要が出てくる可能性が高いため、公正証書遺言で作成しておいたほうが安全といえます。

また、祭祀承継者が親族関係のない第三者というケースは稀なので、墓地や寺のほうで手続が混乱しないように、生前から説明をする等の対応をしておくことが望ましいでしょう。

第2章　家庭（パートナー）・社会生活をめぐる問題への対応

Q6　戸籍上の性別変更

私はトランスジェンダーです。
① 戸籍上の性別を変更できますか。
② 同性のパートナーがいますが、戸籍上の性別を変更した後に婚姻できますか。

1　性同一性障害者の性別の取扱いの特例に関する法律に基づく性別の変更

(1)　法の概要

性同一性障害者の性別の取扱いの特例に関する法律（以下、「特例法」といいます）の概要は、第1章8で詳述したとおりです。

(2)　要　件

まず、特例法において、「性同一性障害者」とは、生物学的には性別が明らかであるにもかかわらず、心理的にはそれとは別の性別（以下、「他の性別」といいます）であるとの持続的な確信をもち、かつ、自己を身体的および社会的に他の性別に適合させようとする意思を有する者であって、そのことについてその診断を的確に行うために必要な知識および経験を有する2人以上の医師の一般に認められている医学的知見に基づき行う診断が一致しているものをいいます（特例法2条）。なお、診断について、公益社団法人日本精神神経学会が「性同一性障害に関する診断と治療のガイドライン〔第4版改〕」（2018年1月20日）を発表しています。

本来は、トランスジェンダーは精神疾患とは無関係であり、医学的観点からみた精神疾患概念である性同一性障害と同様に考えるのは誤りです。また、国際的な診断基準として世界保健機構（WHO）が策定している国際疾病分類（ICD）第11版において、「性同一性障害」を「性別不合（Gender Incongruence）」という名称に変更するほか、精神疾患でも身体疾患でもない

60

第3の分類として位置付けることが検討されています。

しかし、現在においては、2人以上の医師から「性同一性障害」と診断されている人のみが戸籍上の性別の変更の対象になります。

次に、特例法に基づき性別の変更が認められるには、性同一性障害者が、以下に該当する必要があります（特例法3条1項）。

① 20歳以上であること（令和4年4月1日より改正民法による成人年齢引下げにより、「18歳以上」に改正されます）。

② 現に婚姻をしていないこと。

③ 現に未成年の子がいないこと。

④ 生殖腺がないことまたは生殖腺の機能を永続的に欠く状態にあること。

⑤ その身体について他の性別に係る身体の性器に係る部分に近似する外観を備えていること。

なお、上記④を要件としていることについて、憲法13条や同法14条1項に違反するとして、その合憲性が争われた事案があります（最二小決平31・1・23（平成30年(ク)第269号））。

最高裁判所は、「本件規定は、現時点では、憲法13条、14条1項に違反するものとはいえない」として違憲ではないと判断しましたが、他方で、本決定では、特例法3条1項4号の憲法適合性について、「不断の検討を要するものというべきである」という判示があり、また、裁判官2名が、「本件規定は、現時点では、憲法13条に違反するとまではいえないものの、その疑いが生じていることは否定できない」という補足意見が述べられたことは注目すべき内容といえます。

今後の国民の意識や社会の受け止め方の変化により、上記④を要件としない法改正を促す決定と評価することができるものといえます。

(3) 手　続

本人（申立人）の住所地を管轄する家庭裁判所に対し、申立人の性別の取扱いを男から女（女から男）に変更するとの審判を求めます。申立書の書式

第2章　家庭（パートナー）・社会生活をめぐる問題への対応

は家庭裁判所において確認することができます。

　申立てにおいては、申立書のほかに、出生時から現在までの戸籍（除籍謄本、改製原戸籍謄本（全部事項証明書））、2人以上の医師の診断書を提出する必要があります。診断書の記載要領等は、厚生労働省のホームページ（性同一性障害者の性別の取扱いの特例に関する法律第3条第2項に規定する医師の診断書について）でも確認できます。

　申立てにより、家庭裁判所において特例法3条1項の要件を満たしていると判断された場合、性別の変更を認める審判が出されます。変更審判を受けた場合には、申立人を筆頭者とする新戸籍が編製され（戸籍が申立人単独のものである場合は、新戸籍は編製されません）、父母との続柄欄が更正されます。

　なお、通称等、変更後の性別で社会生活を送るための名に変更したい場合は、家庭裁判所に「名の変更許可」の申立てをして、許可を得る必要があります。名の変更には、「正当な事由」が必要となります（戸籍法107条の2）。「正当な事由」とは、名を変更しないとその人の社会生活において著しい支障を来す場合をいうと解されています（高松高決平22・10・12家月63巻8号58頁、大阪高決平21・11・10家月62巻8号75頁など）。

　変更前の性を想起させる名を、通称等の変更後の性を想起させる名に変更する場合は、変更しなければその人の社会生活において著しい支障を来すものと認められる傾向にある（正当事由が認められて名の変更が許可されやすい）ものと解されます。

　裁判例では、戸籍上の性別を変更していない場合でも、性同一性障害の診断を受けた者について、長年変更後の名の使用実績が認められないにもかかわらず、名の変更を認めたものがあります（前掲高松高決平22・10・12、前掲大阪高決平21・11・10）。

2　性別変更後の婚姻

(1)　戸籍上の性別変更の効果

　性別の取扱いの変更の審判を受けた者は、法令の規定の適用について、法

律に別段の定めがある場合を除き、その性別につき他の性別に変わったものとみなされます（特例法4条1項）。法令上、変更後の性別で社会生活を送ることができるようになります。

なお、上記は遡及するものではなく、法律に別段の定めがある場合を除き、変更前に生じた身分関係および権利義務には影響を及ぼすものではありません（特例法4条2項）。

戸籍の記載については、裁判所書記官によって戸籍記載の嘱託の手続が行われて、原則として新戸籍は編製され、「令和○年○月○日平成15年法律第111号3条による裁判発効」という記載がなされます。

(2) 婚　姻

ア　婚　姻

変更後の性別により婚姻することができます。

たとえば、性別を女性から男性に変更した場合、民法上、男性として扱われますので、「夫」として女性と婚姻できるようになります。性別変更により婚姻した夫婦は「GID（gender identity disorder）夫婦」と呼称される場合もあります。

イ　嫡出の推定

GID夫婦において、たとえば、人工授精により妻が婚姻中に懐胎して出産した子について、男性に性別変更して婚姻した夫が「父」として出生届を提出できるかという問題があります。

妻が婚姻中に懐胎した子は、夫の子と推定（嫡出の推定）されるという規定（民法772条1項）が適用されるかが問題となります。

この点について、性的関係によって子をもうけることはおよそ想定できないものの、一方で、特例法により婚姻することを認めながら、他方で、その主要な効果である嫡出推定についての規定の適用を、妻との性的関係の結果もうけた子であり得ないことを理由にすることは相当でない旨を判示した裁判例があります（最三小決平25・12・10民集67巻9号1847頁）。

この裁判例により、「父」として出生届を提出できるものと解されます。

第2章 家庭（パートナー）・社会生活をめぐる問題への対応

Q7 アウティングの問題——LGBTのプライバシー保護

私はトランスジェンダーです。容姿と性別の違いについて、他人から奇異な目で見られているのではないかという不安を抱えて生きてきました。信頼できると思った人には私がトランスジェンダーであることを告白（カミングアウト）しています。

① カミングアウトした相手である友人が、私がトランスジェンダーであることを他人に話しているようです。これを止めさせることはできますか。

② 性別を記載した証明書等を提示する際には、いつも奇異な目で見られるのではないかという不安を感じます。何か解決策はありますか。

1 アウティングの法的問題

(1) アウティングとは

　LGBTであることを本人の了解を得ないで他人に暴露する行為を「アウティング（outing）」と表現することがあります。

　トランスジェンダーであるという他人の情報を暴露するアウティングは、違法行為になる可能性があります。

　なお、東京都国立市では、国立市女性と男性及び多様な性の平等参画を推進する条例が平成30年4月1日に施行されており、この条例において、「何人も、性的指向、性自認等の公表に関して、いかなる場合も、強制し、若しくは禁止し、又は本人の意に反して公にしてはならない」（8条2項）というアウティングを禁止する規定が設けられており、行政上の動向として注目されています。

　また、アウティングに関しては、令和元年5月29日に成立した「女性活躍

推進法等改正法（①女性活躍推進法、②労働施策総合推進法、③雇用機会均等法、④労働者派遣法、⑤育児・介護休業法の法律改正を含む内容となっており、パワーハラスメント防止措置の義務化については②に規定されています）」の附帯決議において、パワーハラスメント防止対策に係る指針の策定にあたり、包括的に行為類型を明記する等、職場におけるあらゆるハラスメントに対応できるよう検討するとともに、職場におけるあらゆる差別をなくすため、性的指向・性自認に関するハラスメントおよび性的指向・性自認の望まぬ暴露であるいわゆるアウティングも対象になり得ること、そのためアウティングを念頭においたプライバシー保護を講ずることを明記することとされました。

(2) プライバシー権侵害に関する判断基準

プライバシー権に関する先例的価値のある判例として、「宴のあと」事件があります（東京地判昭39・9・28判時385号12頁）。

この判例においては、プライバシー権について、私生活をみだりに公開されないという法的保障ないし権利として解して、これが侵害される場合の要件として、公開された内容が、①私生活上の事実または私生活上の事実らしく受け取られるおそれのあることがらであること、②一般人の感受性を基準にして当該私人の立場に立った場合公開を欲しないであろうと認められることがらであること、換言すれば一般人の感覚を基準として公開されることによって心理的な負担、不安を覚えるであろうと認められることがらであること、③一般の人々にいまだ知られていないことがらであることとし、このような公開によって当該私人が実際に不快、不安の念を覚えたことを必要とすると判示しました。

このような定義や要件は、その後の裁判例においても踏襲されたものがみられます（東京地判平7・4・14判時1547号88頁、東京地判平12・2・29判時1715号76頁）。

(3) LGBT（セクシュアルマイノリティ）であることのプライバシー該当性

LGBTであることは、人格の根幹にかかわる重要な情報であり、私事性

第2章　家庭（パートナー）・社会生活をめぐる問題への対応

が認められることは異論がないものといえます。

　そして、LGBT に対する差別や偏見が認められる今日の社会では、一般人の感受性を基準にして当該私人の立場に立った場合公開を欲しないであろうと認められるものであり、LGBT であるという情報には、プライバシー該当性が認められます。

　そこで、トランスジェンダーであるという他人の情報を暴露するアウティングは、その当事者のプライバシー権を侵害する違法行為になり得るものといえます。

　実際には、LGBT であることについて、公開した経緯、公開の態様、公開した理由などの諸般の事情により、違法性が認められて不法行為となるかを判断することになりますが、たとえば、LGBT であることが公知であるとか公開された相手において既知であるなどによりその当事者において秘匿する利益がなかったり、その当事者が LGBT であることを秘匿する利益を犠牲にしてでもこれを知らせる利益が認められたりする場合などの例外的事情がなければ、アウティングは民法709条に規定する不法行為になり得ます。

(4)　アウティングの名誉毀損該当性

　名誉とは、人の品性、徳行、名声、信用等の人格的価値について社会から受ける客観的な社会的評価を指し、この社会的評価を低下させる行為が名誉毀損として、民法709条に基づき不法行為が成立し、損害賠償の対象となると解されています（最大判昭61・6・11判時1194号3頁、最三小判平9・5・27判時1604号67頁）。

　なお、名誉毀損の成否に事実の真偽は問題とならず、その成否は、社会的評価の低下の有無によって判断されます。

　LGBT であることは、本来的には社会的評価と無関係な事項といえますが、LGBT に対する偏見・差別がなお存在する社会においては、これを公表するアウティングには、名誉毀損該当性が認められて、違法行為になり得る可能性があります。

　この点に関連して、週刊誌に関する広告で「ホモ写真」などという表現を

66

した行為が名誉毀損行為であるとして損害賠償請求が認められた事件があり、同性愛者や同性愛行為に対する現在の日本社会における受け止め方を判示している部分があります（東京高判平18・10・18判時1946号48頁）。

名誉毀損行為については、事実を摘示しての名誉毀損については、その行為が公共の利害に関する事実に係り、かつ、専ら公益を図ることにあった場合には、摘示された事実が重要な部分において真実であることが証明されたときは、同行為には違法性がなく、不法行為は成立しません（最三小判平9・9・9民集51巻8号3804頁）。また、特定の事実を基礎とする意見ないし論評の表明による名誉毀損についても、その行為が公共の利害に関する事実に係り、その目的が専ら公益を図ることにあって、表明に係る内容が人身攻撃に及ぶなど意見ないし論評としての域を逸脱したものでない場合に、行為者において上記意見ないし論評の前提としている事実が重要な部分について真実であることの証明があったときには、同行為は違法性を欠くことになります（前掲最三小判平9・9・9）。

このような例外的事情がなければ、アウティングは民法709条に規定する不法行為になり得ます。

(5) 設 例

カミングアウトした相手である友人が、トランスジェンダーであることをむやみに他人に話す行為については、そのような行為（アウティング）はプライバシー権や名誉権を侵害する不法行為であると警告して、当該行為を止めるように請求することができます（不法行為の効果として認められるものと解されます）。

また、その友人のアウティングにより、精神的苦痛その他の損害を被った場合は、慰謝料等の被った損害を賠償するように請求することができます。

なお、アウティングの手段として「Facebook」や「Twitter」に代表されるSNS（ソーシャル・ネットワーキング・サービス）が利用された場合は、不特定多数の者が知り得る状態になるため、権利侵害（違法性）や精神的苦痛の程度が強く認められる可能性があります。

第2章　家庭（パートナー）・社会生活をめぐる問題への対応

　そして、このようなインターネット上の投稿は、匿名でなされたとしても、プロバイダ責任制限法4条1項に基づき、氏名または名称、住所および電子メールアドレスの開示を求める途があります。

2　証明書等における性別記載の問題

　証明書等には、戸籍上の性別を記載するものがあります。

　トランスジェンダーは、戸籍上の性別と外見が異なると見られている周囲の目に苦痛を感じているという問題があります。

　この問題は、性別を記載する証明書等についていえば、これを提示する機会に実際に生じることになります。

　たとえば、性別を記載する健康保険の被保険者証を病院の受付で提示した際に、これを見た者からどのように思われているのかと考えることによる苦痛が生じます。また、受付後に氏名を呼ばれた際に、これに答えた自身の容姿と呼ばれた氏名とに違和を感じた周囲の目にさらされることによる苦痛が生じます。

　証明書等については、無用な性別の記載をなくしたり、性別の表記方法を工夫したりする運用を期待するところです。

　この点、国民健康保険の被保険者証については、やむを得ない理由があると保険者が判断した場合は、裏面を含む被保険者証全体として、戸籍上の性別が確認できるように配慮すれば、性別の表記方法を工夫しても構わないという運用がなされています（「国民健康保険被保険者証の性別表記について（回答）」（平24・9・21保国発0921第1号））。

　そこで、性別が表記される証明書等については、その発行者に対して、上記のような運用があることも示しながら、その表記を裏面にしてもらうなどの配慮を求めていくことが考えられます。

68

第3章
職場の問題への対応

Q1 カミングアウトへの対応

今後、職場において上司や同僚などに対して自らの性的指向・性自認についてカミングアウトする社員が出てくる可能性もあると思います。社員から性的指向・性自認に関係するカミングアウトを受けた場合にどのように対応することが考えられますか。

1 性的指向・性自認に関係するカミングアウト

性的指向・性自認に関係するカミングアウト（以下、単に「カミングアウト」ともいいます）の定義については、いまだに法律上の定義は存しません。今後、行政等から、定義について何らかの見解が示される可能性がありますが、本書においては、「明らかにしていない自らの性的指向・性自認などを他人に打ち明けることをいう」と定義します。

2 職場でのカミングアウト

現在、職場において、自らの性的指向・性自認をカミングアウトしているLGBTは少数であると思われます。

この点について、日本労働組合総連合会（連合）が実施して公表した「LGBTに関する職場の意識調査」（平成28年8月25日）において、以下のような調査結果もあります。

第3章　職場の問題への対応

・誰からもカミングアウトされておらず、周囲にカミングアウトしたという人も聞かない＝81％

・職場の人からLGBTをカミングアウトされた・カミングアウトしていると聞いた＝約7％

　なぜ、現時点で職場にて自身の性的指向・性自認をカミングアウトするLGBTが少ないのかという理由についてですが、細かな点に踏み込めば各人でさまざまな理由があると思われますが、LGBTについて偏見等がなくなっていない現状では、職場でカミングアウトをしたことにより、何らかの人事上・事実上の不利益を被るのではないかということを不安に感じているのではないかということが考えられます。

　しかし、現在、マスメディアなどさまざまな形で、LGBTに関する啓蒙活動が行われており、職場のLGBT社員に関する取組みを進めている企業も増加していることからすれば、今後、職場において、自らの性的指向・性自認についてカミングアウトするLGBT社員が増加することが想定されます。

　したがって、企業としては、職場にて無用なトラブルを生じさせないためにも、カミングアウトを受けた場合の対応について、社内研修等により、社員に周知しておくことが必要になってきているといえます。

3　性的指向・性自認に関係するカミングアウトを受けた場合の初期対応

(1)　落ち着いて受け止めること

　現状、職場に限らず、性的指向・性自認に関係するカミングアウトを受けたことがない人の方が多いと思います。

　しかし、性には多様性があり、現実には、さまざまなセクシュアリティが存在しているということは当たり前のことなので、過度に驚いたりすることなく、まずは落ち着いて受け止めるということが大切になります。

　なお、はじめてカミングアウトを受け、動揺してしまうこともあるかもし

れませんが、「治らないの」といった LGBT への無理解を象徴するような不用意な言動をしないよう留意が必要です。

(2) 積極的にアドバイスするよりは話をよく聞くこと

LGBT 社員が、職場においてカミングアウトする場合、まずは職場において信頼できる上司や同僚に対してのみカミングアウトするということが多いと思います。

そのようなケースにおいて、カミングアウトを受けた者が、カミングアウトをした本人のためを思ってその場で積極的なアドバイスをしようとするケースもあります。

この場合、本人が望んでいたアドバイスを行えるのであれば、トラブルとなる可能性はありません。

しかし、カミングアウトする側の立場からすると、とにかく自分がLGBT であるがゆえに職場で抱えている悩みについて、まずは信頼できる人にだけでもとにかく聞いてほしかっただけであるというケースも多く、また、LGBT に関して十分に理解できているとまではいえない段階で、よかれと思って積極的にアドバイスをすることでかえって不用意な発言をしてしまったりして、信頼関係を損ねてしまうなど、トラブルに発展してしまうというケースも存在します。

したがって、カミングアウトを受けたときは、何か積極的なアドバイスをしようというよりは、まずはカミングアウトする本人の話に耳を傾けるというスタンスが肝要です。

この点、児童生徒課長通知において、「教職員が児童生徒から相談を受けた際は、当該児童生徒からの信頼を踏まえつつ、まずは悩みや不安を聞く姿勢を示すことが重要であること」とされていることが参考になります。

(3) 具体的な要求があった際の留意点

性的指向・性自認をカミングアウトした社員から職場環境の改善等について具体的な要求がなされ、人事部などに相談する必要が生じるケースもあります。

第3章 職場の問題への対応

そのようなケースでは、本人の了解なしに独断で人事部などに相談するのではなく、誰に、どのように相談するかといった事項も本人と協議し、本人の了解を得たうえで実施するといった配慮が必要です。

なお、カミングアウトするか否かは基本的には本人の選択の問題であるため、上記のような要求があった際に、十分な検討もしていないにもかかわらず「カミングアウトしなければ何もできない」などとカミングアウトの強制ととられかねない発言をしないよう留意する必要があります。あくまでも本人の要望との関係で何ができるのか一緒に考えるというスタンスが必要になります。

4 アウティングの問題

アウティングについても、法律上の定義はないものの[1]、本人の同意なしに、本人がオープンにしていないその性的指向・性自認などを第三者に開示することといえます。

このアウティングについては、法科大学院の学生が、同法科大学院の同級生で作る LINE のグループで同性愛者であることを暴露された結果、心身の不調に悩まされ、その後、校舎から転落し、搬送先の病院で死亡が確認されたというケースが現実に起きており、その件は訴訟にまで発展しており、企業としても現実の問題として対応を検討する必要があります。

自身の性的指向・性自認をカミングアウトするか否かは、基本的に本人の選択の問題であるため、緊急性のある場合や、やむを得ない場合を除いて、第三者に開示する場合は、原則として開示の範囲・内容等について本人との間で協議をし、本人の了解を得たうえで開示するといった配慮が必要です。したがって、社内研修を実施する場合は、このアウティングの問題について

---

1 国立市女性と男性及び多様な性の平等参画を推進する条例では、8条2項で「何人も、性的指向、性自認等の公表に関して、いかなる場合も、強制し、若しくは禁止し、又は本人の意に反して公にしてはならない」と規定されており、アウティングに関する規定が制定されている。

は社員に説明・周知しておく必要があります。

　なお、児童生徒課長通知において、「他の児童生徒や保護者との情報の共有は、当事者である児童生徒や保護者の意向等を踏まえ、個別の事情に応じて進める必要があること」とされていることが参考になります。

　また、第1章8で述べたとおり、女性活躍推進法等改正法に基づき策定・公表される指針において、「性的指向・性自認の望まぬ暴露であるいわゆるアウティング」に関する事項が盛り込まれる可能性があるため、事業主は、指針が公表された際には、アウティングに関する記載内容に留意する必要があります。

Q2 性的指向・性自認に関係する性的な言動とセクハラ

性的指向・性自認に関係する言動もセクハラに該当するのでしょうか。そのような言動がセクハラに該当するとしてどのような言動に気を付ける必要があるのでしょうか。また、性的指向・性自認に関係するセクハラの予防・事後対応として、企業はどのような点に留意しておくべきでしょうか。

1　性的指向・性自認に関係する性的な言動とセクハラ

セクシュアルハラスメント（以下、「セクハラ」ともいいます）とは、「職場において行われる性的な言動に対するその雇用する労働者の対応により当該労働者がその労働条件につき不利益を受け、又は当該性的な言動により当該労働者の就業環境が害されること」をいいます（雇用機会均等法11条1項）。

セクハラは、基本的には異性間での言動がイメージされることが多いと思いますが、これまで、性的指向・性自認に関係する性的な言動がセクハラに該当するかという点についてはあまり認識されていませんでした。

もっとも、平成25年12月20日に開催された第139回労働政策審議会雇用均等分科会において、当時の雇用均等政策課長が「性的マイノリティの方に対する言動や行動であっても、均等法11条やセクハラ指針に該当するものであれば、職場におけるセクシュアルハラスメントになると考えております」と回答しており、行政解釈としては、性的指向・性自認に関係する性的な言動もセクハラに該当するという立場をとっていました。

しかし、そのような解釈が周知されていなかったことから、「事業主が職場における性的な言動に起因する問題に関して雇用管理上講ずべき措置についての指針」（平成18年厚生労働省告示第615号。以下、「セクハラ指針」といい

ます）が改正され（平28・8・2厚生労働省告示第314号）、改正後のセクハラ指針では、「被害を受けた者……の性的指向又は性自認にかかわらず、当該者に対する職場におけるセクシュアルハラスメントも、本指針の対象となるものである」と規定され、性的指向・性自認に関係する言動もセクハラとなることが明記されました。

2 問題となり得る言動

性的指向・性自認に関係する性的な言動として、セクハラとの関係では以下のような言動が問題になります。

① 「（LGBT のタレントの名前をあげて）あいつの格好きもいな」

→ LGBT の容姿等への非難ともとれる。

② 「ホモ」「オカマ」「オナベ」「レズ」

→ 性的指向・性自認に対する侮蔑的要素が含まれる。

※「レズ」と略さず、「レズビアン」という。

③ 「（仕草が女性っぽい社員に、手を頬に当てて）お前こっちか」「あいつゲイなんじゃないか」「なんかオネエっぽい」「男か女か、どっちなのか」

→ 性の多様性に対する否定的な評価が含まれる。

④ 「（ゲイの社員に対し）俺はそっちの趣味ないから」「（バイセクシュアルに対して）お盛んだね」

→ 性的指向に対する偏見・差別的要素が含まれる。

⑤ 「そのままなんとか男（女）としてがんばれないのか」「あなたが選んで好きでやっていることでしょ」

→ 性的指向・性自認は選択の問題ではなく、自分の意思ではいかんともしがたいということに関する理解が欠ける言動である。

⑥ 「同性同士でどうやって（セックス）してるの」「男役と女役どっちなの」「下（性器）はどうなってるの」

→ 業務とは全く関係のないプライベートな部分を興味本位に尋ねるもので、差別的な要素も含まれる言動である。

75

第3章　職場の問題への対応

⑦　「どんな（異性の）芸能人が好きなの」「早く彼氏・彼女をつくれば」
「結婚しないのか」「子どもいらないの」

→　直ちに問題となるものではないが、異性との結婚・恋愛を前提とす
る言動であり、性の多様性に関する配慮が欠ける言動である。

3　性的指向・性自認に関係するセクハラの 防止・事後対応の留意点

(1)　セクハラ指針に基づく対応

前記のとおり、セクハラ指針において、性的指向・性自認に関係する言動
もセクハラとなることが明記されたことから、事業主は、セクハラ指針に基
づく措置を講じることが求められています。

セクハラ指針においては、大きく分けて、⑦事業主の方針の明確化等、⑦
相談に応じ、適切に対応するために必要な体制の整備、⑦職場におけるセク
シュアルハラスメントに係る事後の迅速かつ適切な対応、⑦⑦から⑦までの
措置と併せて講ずべき措置を講じることが求められています。

以下においては、性的指向・性自認に関係するセクハラとの関係で、特に
留意しておく事項について取り上げます。

(2)　「⑦　事業主の方針の明確化等」

ア　経営トップのメッセージ

職場における性的指向・性自認に関係するセクハラは、「見えていない」
だけで、どの職場においても存在している可能性がありますが、現状とし
て、そのことが職場において十分に認知されているとはいえません。

そこで、まずは、経営層・管理職がそのことを認識したうえで、職場にお
いて性的指向・性自認に関係するセクハラがあってはならないこと、および
そのような言動を行った者については厳正な処分を行うことがある旨のメッ
セージを社内に発信し、周知することが必要になります。

イ　規程化

セクハラ指針では、「就業規則その他の職場における服務規律等を定めた

文書」において、セクハラ防止に関する規定を設け、職場で周知することも求めているため、性的指向・性自認に関係するセクハラ（ハラスメント）についても規程化しておくことが必要になります。

具体的には、まずはセクハラ禁止のみで対応するということであれば、既存の条項に下線の記載を付記することで対応可能と考えられます。

第○条【セクシュアルハラスメントの禁止】

１．職務上の地位・関係を利用するなどして、他の従業員に対し性的な言動（「性的指向・性自認に関係する性的な言動」も含む。本条では以下同様）により不快な思いをさせ、あるいは交際等を強要するなどの行為をしてはならない。

２．性的な言動により他の従業員の業務に支障を与えたり、職場環境を悪化させるような行為をしてはならない。

もっとも、性的指向・性自認に関係する言動はパワーハラスメントなど他のハラスメントについても問題となり得るため、ハラスメント一般について網羅するのであれば、厚生労働省の「モデル就業規則」（平成30年1月版）に記載されている以下のような既存の規定に加えて新たに設けるという対応をとることも考えられます（筆者により一部修正しています）。

第○条【その他あらゆるハラスメントの禁止】

第○条から前条までに規定するもののほか、性的指向・性自認に関する言動によるものなど職場におけるあらゆるハラスメントにより、他の労働者の就業環境を害するようなことをしてはならない。

ウ　研修の実施

LGBTに関する理解が十分ではない状況においては、経営トップがいかに性的指向・性自認に関係するセクハラがあってはならないというメッセージを出したとしても、社員がどのような言動が問題となり得るのかを理解していなければ意味のあるメッセージとはいえません。

第3章　職場の問題への対応

　そこで、社内研修、セミナー等を一般社員にも実施し、LGBT の基本的な事項や、LGBT の当事者にとってどのような言動がストレスとなるのかといった事項について啓発活動を行うことが有用です。

　そのような研修において、LGBT 層が人口の8.9％（電通ダイバーシティ・ラボ「LGBT 調査2018」）を占める可能性があることを説明した場合に、研修後に自分の職場にもいるのかもしれないという目で周囲を見るようになり、「あの人もそうじゃないの」といったうわさ話がなされることも考えられます。

　したがって、研修を行う場合は、そのようなうわさ話もセクハラに該当することなども研修に盛り込む必要があります。

(3)　「㋑　相談に応じ、適切に対応するために必要な体制の整備」

ア　相談窓口

　相談窓口において、性的指向・性自認に関係するセクハラに関する相談についても受け付けることとし、その旨社内に周知しておくことが必要です。

イ　相談窓口担当者に対する研修の実施

　相談窓口での対応に関与することになる人事担当者（採用担当者も含む）、産業医、相談窓口担当者に対しては、一般社員への研修とは別に、問題となりうるケースを想定した研修を実施しておくことが必要になります。その際、特に重要なことは相談を受けた場合の秘密保持の徹底について十分に説明する必要があります。[1]

(4)　「㋒　職場におけるセクシュアルハラスメントに係る事後の迅速かつ適切な対応」

　セクハラ指針により性的指向・性自認に関係する性的な言動がセクハラに該当し得ることが明確化されたこともあり、そのようなセクハラの申告がなされた場合、事業主としては「わからないから対応できない」ということでは済まされず、事業主として迅速かつ適切な対応を行う必要があります。

1　申告者が LGBT であるケースで、予期せず本人の性的指向等が第三者に伝わってしまうといった二次被害の防止には常に留意が必要である。

78

Q2 性的指向・性自認に関係する性的な言動とセクハラ

　具体的には、セクハラの申告がなされた場合は迅速な調査が必要となりますが、性的指向・性自認に関係するセクハラのケースは、本人のプライバシー確保が極めて重要になります。

　この点、セクハラの調査を行う場合、一般的には、申告者からのヒアリング、メール等の証拠の提供を受け、行為者にヒアリングを行い、必要に応じ第三者に対してもヒアリングを行い、セクハラの有無・内容を認定するという手順をとります。

　しかし、特に申告者がLGBTであり、職場においてカミングアウトしておらず、調査の過程において自身の性的指向・性自認の秘匿を求めているケースでは、そもそも行為者に対してヒアリングを実施するか否かという点からして問題となります。

　そこで、性的指向・性自認に関係するセクハラにおける調査では、①そもそも調査を行うのか否か、②調査を行うことになった場合に、どのような方法で調査を行うのか、という点について、申告者と協議を行い、申告者の人格的利益やプライバシー（申告者の性的指向・性自認の秘密保持等）に配慮した調査を行うことが重要になります。

　もっとも、申告者の人格的利益やプライバシーについて配慮しながら調査を行う場合（申告者がLGBTであり、その性的指向等の秘密保持の徹底を希望している場合）、調査方法に相当程度の制約が生じることについては、事前に申告者に説明したうえで理解を得ておくことが必要です。このように、調査方法についてまで慎重に協議しておくことで、後日に、申告者との間での調査方法等に関してトラブルが生じることの回避につながります。

　ただし、申告者と協議して調査を断念したようなケースであっても、再発防止の観点からは、申告者とも協議のうえ、再度、性的指向・性自認に関係するセクハラ等について、社内研修を実施するといった対応をとっておくことが検討されるべきです。

⑸　「㋑　㋐から㋒までの措置と併せて講ずべき措置」

　申告者の申告により調査を実施した結果、セクハラが認定された場合に

79

第 3 章　職場の問題への対応

は、行為者に対しては懲戒処分を含む社内処分を実施する必要があります
が、性的指向・性自認に関係するセクハラとの関係では、（故意犯ではなく）
この問題への理解が十分になされていないということが原因となっている可
能性が考えられますので、再発防止策が非常に重要になります。

　性的指向・性自認に関係するセクハラは、無知・偏見等によりなされると
いう背景があるため、再発防止策としては、やはり社内研修が重要になりま
す。場合によっては、LGBT の講師を招き、当事者から直に話をしてもら
うといったことも検討に値します。

　なお、再発防止策を策定する場合も、申告者が申告した具体的なケースに
ついてどこまで取り上げるかといった事項については、申告者のプライバ
シー（性的指向・性自認の秘密保持等）との関係が問題となるため、再発防止
策の具体的方策についても、申告者の意見も聞きながら進めていくことが必
要になります。

80

Q3 性的指向・性自認に関係する言動とパワハラ

職場での性的指向・性自認に関係する言動がパワハラとなることがあるのでしょうか。また、性的指向・性自認に関係するパワハラの予防・事後対応として、企業はどのような点に留意しておくべきでしょうか。

1 性的指向・性自認に関係する言動とパワハラ

職場での性的指向・性自認に関係する言動が、「性」に関する言動であるため、その言動がセクハラに該当するケースがあることは思いつくと思います。

しかし、実務では、職場での性的指向・性自認に関係する言動がパワーハラスメント（以下、「パワハラ」ともいいます）に該当することがあります。[1]

この点、平成28年7月7日に厚生労働省が公表した「パワーハラスメント対策導入マニュアル〔第3版〕」には、「性的指向や性自認についての不理解を背景として、『人間関係からの切り離し』などのパワーハラスメントにつながることがあります。このようなことを引き起こさないためにも、職場で働く方が、性的指向や性自認について理解を増進することが重要です」と記載されました。

このように、行政解釈として、性的指向・性自認に関係する言動がパワハラに該当する場合もあるということが示されたこともあり、企業が、従業員に対して、パワハラに関する研修等を実施する場合には、パワハラに該当し得ることも盛り込んでおく必要があります。

---

1 職場で問題となる性的指向・性自認に関係する言動は、セクハラとパワハラが混在しているものもある。

第3章　職場の問題への対応

2　問題となり得る言動

(1)　はじめに

　パワハラの行為類型については、「職場のパワーハラスメント対策の推進について」（平24・9・10地発0910第5号・基発0910第3号、最終改正：平28・4・1地発0401第5号・基発0401第73号）において6類型に分類されていますが、本稿では、性的指向・性自認に関係する言動で問題となりやすい「②精神的な攻撃」「③人間関係からの切り離し」「⑥個の侵害」の3つの行為類型および裁判例を取り上げます。[2]

(2)　「精神的な攻撃」

　まず、「精神的な攻撃」についてですが、LGBTへの否定的評価などLGBT社員の人格を否定するような言動はパワハラの典型と考えられます。

　したがって、「(LGBT社員に対して) 働かせてやっているだけ有り難いと思ってくれ」「(カミングアウトした当事者に対して) 自分が選んで好きでやっていることなんだから迷惑をかけるな」といった発言は、LGBT社員の人格を否定するものとして、パワハラに該当する可能性が高いといえます。

(3)　「人間関係からの切り離し」

　次に、LGBTについて否定的な上司や同僚がいる場合、性的指向・性自認を業務遂行能力に結び付けたりする言動により、無視や仲間外しといった「人間関係からの切り離し」に該当する言動がなされる可能性があります。

　したがって、「うちの職場にゲイはいないよな」「職場にトランスジェンダーがいるせいで作業効率が落ちた」「これだからゲイには仕事を任せられないんだ」「(ゲイの社員をゲイであるという理由のみで) お客さんの前に出せないから営業職には向いていない」等の発言や、カミングアウトしたLGBT社員を無視する、といった言動はパワハラに該当する可能性があります。

2　実務上、各行為類型の線引きは不明確であり、複数の類型に該当する言動もあるため、あくまでも便宜的な分類である。

⑷ 「個の侵害」

さらに、個人がいかなる性的指向・性自認であるかは人格的利益と関連した基本的にはプライベートな事項であり、カミングアウトするか否かも個人の選択の問題であるから、カミングアウト等について過度に介入した場合、「個の侵害」としてパワハラに該当する可能性があります。

したがって、「（女性のような仕草をすることがある男性社員に対して）本当はトランスジェンダー（ゲイ）なんじゃないのか」などと執拗に問い質したり、「（特定の社員にのみカミングアウトしている LGBT 社員に対して）LGBT であることを会社に報告するぞ」などとアウティングをほのめかすといった言動が問題となります。

⑸ 裁判例

実際に、性的指向・性自認に関係する言動が不法行為に該当するとした裁判例もあります。

事案は、X は、DVD や CD のレンタルおよび書籍の販売等を業とする会社（以下、「A 社」といいます）にて勤務していたところ、A 社の取締役事業部長であった Y から、「ホモ」と呼ばれるなど、継続的なパワハラを受けたと主張して、Y に損害賠償を請求したというケースです（東京地判平28・5・9（平成26年(ワ)第17679号））。

裁判所は、まず、Y の言動について、「Y は、A 社内において、X に『ホモ』とあだ名をつけて X が同性愛者であるかのような話題で、他の従業員とともに X をからかい、X の似顔絵を用いて X を動物に見立てたり X が同性愛者であるような記載をした X を揶揄するイラストを複数作成し、これを他の従業員らに示した」と認定したうえで、結論として、「Y としては、X がこれに調子を合わせて周囲の者を笑わせるなどしていたことから安易にその言動を継続していたことが窺われるものの、……A 社における Y の立場やこれら言動の頻度・内容に鑑みれば、X が内心ではこれに苦痛を感

3　X がゲイであるか否かは判決文からは不明である。

第3章　職場の問題への対応

じていたと認めるのが相当であり、Yにおいても、Xが苦痛を感じながら
Yに同調せざるを得ないと考えていたことを推察することが十分に可能で
あった」と判示し、Yの言動が不法行為に該当すると判断しました。

(6) 小　括

このように、性的指向・性自認に関係する言動もパワハラに該当すること
があり、特に、LGBTの存在自体を否定するなどの人格的利益を侵害する
ような言動や、不用意に性的指向・性自認と業務遂行能力などを結び付けた
発言については、パワハラに該当する可能性が高いため、社内研修等におい
て十分に周知しておく必要があります。

3　性的指向・性自認に関係するパワハラの防止・事後対応の留意点

(1)　はじめに

性的指向・性自認に関係するパワハラについては、現時点においては、セ
クハラ指針のように法令に根拠を有する指針はありません。

もっとも、前記「パワーハラスメント対策導入マニュアル〔第3版〕」に
おいて、7つの取組みを実施するとよいとされており、具体的には、「予防
するために」として、①トップのメッセージ、②ルールを決める、③実態を
把握する、④教育する、⑤周知する、「解決するために」として、⑥相談や
解決の場を設置する、⑦再発防止のための取組みとされています。

さらに、第1章8で述べたとおり、女性活躍推進法等改正法に基づき策
定・公表される指針において、「性的指向・性自認に関するハラスメント」
に関する事項が盛り込まれる可能性があるため、事業主は、指針が公表され
た際には、アウティングに関する記載内容に留意する必要があります。

(2)　留意事項

基本的には、本章Q2でも解説しました性的指向・性自認に関係するセ
クハラで述べた事項とパラレルに考えることができます。

ただし、セクハラの場合、セクハラに関する言動は業務遂行において不必

要であるため、疑われるような言動を含めて、そのような言動をしなければよいというだけのことですが、パワハラの場合は、たとえば、トランスジェンダーの服装といった職場で生じた性自認等に関係するトラブルを解決するためには、一定程度踏み込んだ発言をせざるを得ないようなケースもあり、業務指導の範囲内の言動であるのか、パワハラであるのかが微妙なケースもあります。

したがって、申告者からパワハラであると主張されている言動については、なぜ行為者がそのような言動をするに至ったのかという経緯が非常に重要になるという点には留意が必要となります。

第3章 職場の問題への対応

> ### Q4 職場における性自認に応じた通称使用
>
> 当社では、婚姻により戸籍上の氏名に変更がなされた場合、基本的には旧姓（通称）の使用は認めていません。
>
> 当社には、トランスジェンダーの社員が勤務しているのですが、この間、他の上司と業務後に飲みに行ったときに、自認する性別に基づく通称を使用したいという気持ちがあるという話があったそうです。
>
> できるだけ要望に応えたいという部分もあるのですが、これを認めた場合、人事労務関係の手続などで過誤が生じる危険性が増加するといった懸念があります。
>
> このようなケースで通称使用の要望があれば、使用者は通称の使用を認めなければならないのでしょうか。

1 職場での通称（戸籍と異なる氏名）の使用

従来、職場での通称使用の問題といえば、婚姻により戸籍上の「氏」が変更された社員から、婚姻前の「旧姓」の利用を認めてほしいとの要望があるケースであったと思われます。

そのようなケースにおいて、通称の使用を認めている企業もあります。

しかし、職場にて通称の使用を認めている企業があるということと、企業として通称の使用を認めなければならないのかという問題は別の問題です。

この点、使用者は、企業秩序維持のために必要な事項を定め、労働者に対して命じることが可能であるところ、通称の使用を認めた場合に、労働保険・社会保険といった公的制度の手続において、本人との同一性の確認に支障を来す可能性や、給与の支払口座名義等の齟齬等を確認する必要が生じるなど、事務手続等が煩雑化し、過誤が生じる可能性が高まります。

労働者の側にも、通称を使用する利益なるものが一応は観念し得ますが、この通称使用の利益が上記企業秩序維持等を明らかに上回っているとは解されないため、一般論としては、労働者に対して職場での通称の使用を認める義務まではないと解されます。

この点、職場での旧姓使用に関する裁判例ですが、「個人の識別特定機能は、社会的な機能であるところ、戸籍上の氏は戸籍制度という公証制度に支えられているものであり、その点で、婚姻前の使用実績という事実関係を基礎とする婚姻前の氏に比して、より高い個人の識別特定機能を有しているというべきである」、「本件のように職場という集団が関わる場面において職員を識別し、特定するものとして戸籍上の氏の使用を求めることには合理性、必要性が認められるということができる」と判示されており、職場での戸籍上の氏名の使用の合理性・必要性を肯定しています（学校法人日本大学第三学園事件・東京地判平28・10・11労判1150号5頁）。

2 職場での自認する性別に応じた通称の使用

一般論としては上記のように解されるとして、トランスジェンダーの社員が、戸籍上の氏名とは異なる自認する性別に応じた通称の使用を求めてきた場合には別途の考慮が必要となる可能性があります。

すなわち、旧姓使用については、婚姻という自らの行為によるものとも捉えられますが、トランスジェンダーの場合、自認する性別に応じた通称の使用が、人格的利益と関連しており、かつ自らの意思ではいかんともしがたい事情であるともいい得ることから、通称を使用する必要性は、旧姓の使用の場合よりも高いとも考えられます。

特に、医師による性同一性障害であるとの診断がなされているケースにおいては、より自認する性別に応じた通称を使用する必要性が高まるといえるため、そのようなケースにおいては、使用者側の手続上の負担や過誤のリスク、対外的な影響等を勘案したうえで、自認する性別に応じた通称使用の可否について、慎重に検討する必要があります。

Q5 性的指向・性自認に関係する労働条件、人事上・事実上の措置に関する基本的な考え方

当社には、LGBTであることをカミングアウトしている社員がいます。

当該社員の賃金や福利厚生といった労働条件を定める場合や、解雇や配置転換といったさまざまな人事上・事実上の措置を行う場合に留意すべきことはありますか。

1 法令の不存在

近時、マスメディアなどでも、職場でのLGBTについて取り上げられることが多くなってきました。

しかし、現行法下において、職場における性的指向・性自認に関係する労働条件、人事上・事実上の措置（以下、「労働条件等」ともいいます）について直接的に規律する法律はありません。

もっとも、あまり知られていませんが、実は、過去に、職場における性的指向による差別等の禁止に関係する法律が制定される可能性がありました。

それは、人権擁護法案の制定が議論されていた時であり、同法案では、「性的指向」を理由に「労働者の採用又は労働条件その他労働関係に関する事項」について不当な差別的取扱いをしてはならないと規定されていました。[1]

---

[1] 正確には、人権擁護法案2条5項で「この法律において『人種等』とは、人種、民族、信条、性別、社会的身分、門地、障害、疾病又は性的指向をいう」とされ、同法案3条1項本文で「何人も、他人に対し、次に掲げる行為その他の人権侵害をしてはならない」としたうえで、同項1号ハで「事業主としての立場において労働者の採用又は労働条件その他労働関係に関する事項について人種等を理由としてする不当な差別的取扱い」とされていた。

Q5　性的指向・性自認に関係する労働条件、人事上・事実上の措置に関する基本的な考え方

　しかし、人権擁護法案自体が、紆余曲折を経て廃案となったため、現時点では上記のとおり LGBT の労働条件等を規律する明確な法律は存在せず、事業主としては、LGBT の労働条件等に関する問題については、あくまでも、労働契約法、労働基準法および民法の一般条項等の現行法下の枠内で判断していく必要があります。

2　性的指向・性自認に関係する労働条件の差異

　まず、特定の性的指向・性自認を有すること（LGBT であること）のみを理由に労働条件に差異を設けることは、通常、その合理的な理由を見出すことは困難です。

　したがって、そのような理由で労働条件に差異を設けた場合、公序良俗違反等を理由に原則として違法・無効とされる可能性が高いといえます。

　もっとも、労働条件の差異は、企業の裁量が認められる部分もあるため、その差異が生じている理由が、法律上同性婚が認められていないことに起因するなど相応の理由に基づく場合には、違法・無効とまではされないケースもあると解されます。

　ただし、手当支給の有無や、福利厚生の適用の有無については、個別の規定内容および現実の運用も加味して有効性・適法性を判断する必要がある点には留意が必要です。

3　性的指向・性自認に関係する事実上・人事上の措置に関する取扱い

(1)　はじめに

　事業主が行う解雇等の事実上・人事上の措置において、性的指向・性自認に関係する問題が生じる可能性があるケースとしては、以下の 3 つのケースが想定されます。

A　特定の性的指向・性自認であることのみを理由として行うケース

89

第3章　職場の問題への対応

B　特定の性的指向・性自認であることとは無関係の理由で行うケース

C　特定の性的指向・性自認であることが間接的に影響しているが、それ以外にも理由があるケース

それぞれのケースにおける基本的な考え方について、以下において解説します。

(2)　A のケースの考え方

上記 A のケースですが、たとえば、特定の性的指向・性自認を有する（LGBT である）という理由のみで解雇等の人事上の措置を行った場合、そのような措置を正当化とする合理的な理由は見出しがたく、当該措置は違法・無効とされる可能性が高いといえます。

(3)　B のケースの考え方

上記 B のケースでは、当該措置を受けた社員の性的指向・性自認とは無関係であるため、LGBT ではない社員と同様の判断基準で解雇等の措置の有効性・適法性が判断されることになり、特段の考慮は必要ありません。

(4)　C のケースの考え方

上記 A および B のケースの基本的な考え方は上記のとおりですが、今後、実務で紛争にまで発展するケースとしては、上記 C のケースであると想定されます。[2]

この点、上記 C のケースにおける事実上・人事上の措置の有効性・適法性の判断ですが、大前提として当該事実上・人事上の措置を行う必要性・相当性の有無・程度が当該措置の有効性・適法性に大きく影響します。

もっとも、上記 C のケース特有の問題として、特に、LGBT であることがトラブル等の端緒となっているようなケースでは、個別の事案ごとに企業

2　紛争になった場合には、当初は、労働者側であれば A のケースだと主張し、使用者側であれば B のケースだと主張することが多いと思われるが、紛争になるようなケースでは、特定の性的指向・性自認であることがトラブルの何らかの要因となっていることが多いのではないかと想定される。

側・LGBT の当事者側の双方に一定の理解・配慮と相互の調整が必要となると解されるため、①企業側に要請される LGBT の人格的利益・プライバシー等への理解と配慮の内容・程度（企業規模、職種、事案等により異なります）、② LGBT の社員に要請される職場の秩序維持等への配慮の内容・程度、③双方の要請が対立した場合にその問題を解決するために行った協議の経緯・内容が、当該措置の有効性・適法性に影響することになると解されます。

　なお、上記 C のケースでは、LGBT への理解が進むとともに、上記①の判断要素について企業側に厳しめに判断される可能性がありますし、③についても、企業側に合理的な対案の提示などのより実質的な協議が求められる可能性もあります。

　したがって、予防法務の観点からすると、使用者は、LGBT 社員に対して、特に本人にとって不利益な内容を含む人事上・事実上の措置を実施する場合には、なぜそのような措置を行う必要があるのかという必要性の部分について合理的な説明ができるよう、上記の 3 つの要素も加味したうえで慎重に検討しておくことが重要になってくるといえます。

Q6 福利厚生に関する問題

ゲイであることをカミングアウトしている社員から、同性パートナーと事実上の婚姻をした場合にも結婚休暇を付与してほしいとの要望がありました。

当社にはさまざまな福利厚生があるところ、婚姻関係にあることを前提に適用が認められる福利厚生もあるのですが、どのような場合に性的指向・性自認による差別であるなどとして問題となるのでしょうか。

1 労働条件の差異に関する考え方

現行法下において、性的指向・性自認に関係する労働条件の差異について、これを直接的に禁止する法律は存在しません。

したがって、本章Q5でも解説しましたように、上記の労働条件の差異の適法性については、あくまでも、労働契約法、労働基準法および民法の一般条項等の現行法下の枠内で判断していくことになります。

2 福利厚生の適用に関する差異

(1) はじめに

最近は、大企業だけではなく、中小企業においても、多様な福利厚生を制度化していることが多くなっています。

そして、福利厚生を制度化する場合、正社員と非正規雇用の社員との間で、適用される福利厚生の種類や内容に差異があるケースが多いですが、それは、正社員と非正規雇用の社員とでは、職務内容や責任などが異なることに起因していると考えられます。

このように、正社員と非正規雇用の社員との間の福利厚生に関する差異は、事業主により意図して設けられているケースが多いといえますが、LGBT社員の福利厚生の適用に関する差異は、事業主としてこれまで想定

していなかったところで生じるケースもあるという点が、従来の問題と異なる部分かと思います。

(2) 差異を設ける相応の理由を見出しがたい

たとえば、家賃補助の支給要件として、「入社3年目までの正社員で賃貸契約を締結した者」という条件しか規定されていないにもかかわらず、LGBT社員に対してのみ家賃補助を支給しない（または減額する）というケースを想定したとします。

こういったケースにおいて、形式的には支給要件を満たしているにもかかわらず、家賃補助が不支給とされた理由は、当該社員がLGBTであるという理由以外考えがたいところ、このような理由により不支給とすることについて合理的な理由が見出しがたいため、不支給の取扱いは違法・無効と判断される可能性が高いと解されます。

(3) 差異を設ける相応の理由があるケース

それでは、本問のように、ゲイである社員が同性パートナーと婚姻したことを理由に結婚休暇の取得を申請してきた場合には、これを認める法的義務があるのでしょうか。

この点、事業主の側から、同性パートナーと婚姻したことを理由に当該社員に結婚休暇の取得を認めることは何ら問題がありませんし、LGBT社員のモチベーション維持という観点からはこのような措置をとることが望ましいといえます。

しかし、「婚姻」とは、結婚する相手方が法律上の配偶者となることを想定していると解されるところ、①「配偶者」とは、法律上の婚姻関係にある相手方、すなわち法定の婚姻届出をすませた相手方を意味すると解されていること、②現在の日本の婚姻制度においては、同性婚は認められていないこと、③また、扶養義務のある同性婚のパートナーがいる労働者に対して福利厚生（結婚休暇、家族手当等）を付与することが一般的ともいえないことからすると、福利厚生の付与にあたり法律上の婚姻関係にあることを前提とする規程・取扱いが公序良俗に反するとまではいえないと解されます。

第3章　職場の問題への対応

したがって、本問のケースは、少なくとも現時点における法解釈としては、結婚休暇の取得を認める法的義務は原則としてないと解されます。

もっとも、事実婚をした社員に対しても結婚休暇の取得を認めているようなケースでは、結婚という概念を法律上の婚姻関係に限られない趣旨で解釈・運用していると考えられますので、同性婚のケースのみ休暇の取得を認めない合理的理由が見出しがたいため、結婚休暇を認めないことが違法・無効と判断される可能性があることには留意が必要です。

なお、結婚休暇といった福利厚生について、これまで法律上の婚姻関係にあるケースに適用を限定していたという企業が、事実婚のケースでは適用を認めない一方で、同性婚の場合であれば適用を認めるということが許されるのかということも問題となり得ます。

このようなケースの考え方ですが、事実婚の場合は少なくとも法律上の婚姻関係に入るという選択も可能ではあるものの、何らかの理由で当事者間にて事実婚を選択しているという側面がある一方、同性婚の場合は、そもそも法律上の婚姻関係に入るという選択肢がないという点に差異があるといえます。

したがって、このようなケースにおいては、一種のアファーマティブアクション（affirmative action）として、同性婚の場合にのみ結婚休暇等の福利厚生の適用を認めるという取扱いも有効であると解されます。

94

Q7 採用活動に関する問題

採用活動において、以下の対応について留意すべき点はあるでしょうか。
① 採用面接の際に、応募者の性的指向・性自認を確認すること。
② 採用選考時に、応募者の性的指向・性自認が判明した場合に、そのことのみで不採用とすること。
③ 採用面接の際に男性と申告していた内定者が、入社前にトランスジェンダーであり、戸籍上の性別は女性であることが判明した場合に、不実の申告などを理由に内定を取り消すこと。

1 応募者に対して性的指向・性自認を確認することの当否

　企業には、採用の自由が認められており、その採用の自由の一内容として、調査の自由が認められています（三菱樹脂事件・最大判昭48・12・12労判189号16頁）。
　したがって、採用面接において、応募者に性的指向・性自認を確認することも許されるという解釈も成り立ち得ます。
　しかし、採用選考は、応募者の適性・能力を判断するためのものであるところ、性的指向・性自認は通常は適性・能力とは無関係といえます。
　そこで、採用選考時の性的指向・性自認の確認の当否は、何のために確認するのかというその確認の目的が重要になってくると考えられます。
　まず、従業員に対して何らLGBTに関する研修をしておらず、LGBT社員への対応をとっていないLGBTフレンドリーではない企業であれば、当該企業が採用面接時にあえて性的指向等を確認した場合、なぜそのような確認をするのかという点について、合理的な回答をなし得る場合が少ないと思われます。このようなケースでは、仮にLGBTであった場合には不採用と

第 3 章　職場の問題への対応

することを予定しているのではとの疑念も生じさせかねないため、実務上
は、特段の事由がない限り、性的指向等の確認は避けるべきであると思いま
す。

　これに対して、LGBT 社員でも安心して働けるようなさまざまな配慮を
実施している LGBT フレンドリーな企業が、採用面接において性的指向等
を確認する理由は、採用された後に勤務するにあたって気になることなどを
聴取し、その点について自社ではさまざまな配慮がなされているといったこ
とを説明することで、LGBT の応募者に安心して入社してもらえるように
配慮しているからであると考えられます。

　このようなケースでは、LGBT であることを申告することが任意であ
り、申告した場合に不利益が課されないということが担保されているのであ
れば、採用面接において性的指向等を確認することは許容されると解されま
す。

　なお、キャリアパスにおいて海外赴任が予定されており、その予定地とし
て、同性愛行為に刑罰が科されるような国への赴任も含まれているような場
合に、LGBT の応募者の社内での将来的なキャリアを想定しておくために
確認するということも考えられます。そのようなケースにおいて性的指向・
性自認を確認する際も、確認する趣旨をよく説明したうえで、LGBT であ
ることにより海外赴任先が制限される可能性があるということを超えて、必
要以上な不利益が生じないように配慮することが必要になると考えられま
す。

2　性的指向・性自認を理由として不採用と することの当否

　採用面接において、応募者から性的指向等についてカミングアウトを受け
ることもあります。

　このようなケースにおいて、性的指向等のみを理由に不採用とすることの
当否については、厚生労働省のホームページに掲載されている「公正な採用

選考の基本」に、「障害者、難病のある方、LGBT等性的マイノリティの方（性的指向及び性自認に基づく差別）など特定の人を排除しないことが必要です。特定の人を排除してしまうというのは、そこに予断と偏見が大きく作用しているからです。当事者が不当な取り扱いを受けることのないようご理解をいただく必要があります」と記載されており、留意が必要です。

すなわち、性的指向等と能力は基本的には無関係ですので、性的指向等のみを理由に採用を拒否した場合には違法と判断される可能性が高いと解されます。

もっとも、実務上は、以下の点には留意が必要になります。

まず、判例上、不採用の理由を応募者に開示する義務はないと解されているため（慶応大学附属病院事件・東京高判昭50・12・22労判243号43頁）、たとえば、LGBTの応募者であっても不採用の理由を開示する必要はありません。

もっとも、採用面接時に、カミングアウトを受けたとたんに面接官の態度が変わったといった事情がある場合、たとえ性的指向等のみを理由に不採用としたのではなかったとしても、性的指向等のみを理由に不採用としたということを疑われる事情となり得るため、カミングアウトによって採否の結果が変わったというような無用な誤解を応募者に与えることのないよう留意が必要になります。

3　性別の不実申告等を理由とした内定取消しの当否

採用内定が成立した段階で、始期付解約権留保付労働契約が成立していることから、採用内定の取消しは、この留保解約権の行使の問題となります。

この点、取消しの事由として認められるのは、「採用内定当時知ることができず、また知ることが期待できないような事実であって、これを理由として採用内定を取消すことが解約権留保の趣旨、目的に照らして客観的に合理的と認められ社会通念上相当として是認することができるものに限られる」（大日本印刷事件・最二小判昭54・7・20労判323号19頁）とされています。

97

第3章 職場の問題への対応

　そして、トランスジェンダーであること（内定者の性自認）は業務遂行能力と無関係であり、また、現時点において、トランスジェンダーである応募者が履歴書に外見と異なる性別を記載して企業に提出した場合に、採用されないのではないかと考えてしまうことにはやむを得ない面があることなどからすると、戸籍上の性別と異なる性別を履歴書に記載したという事実のみで内定を取り消した場合に、当該内定取消は無効と判断される可能性が高いと解されます。[1]

1　事案は異なるが、外国籍の社員が、採用面接の際に、「本籍欄」に日本における出生地を、「氏名欄」に日本名を記載したことを理由として会社が当該社員を留保解約権に基づく解雇処分とした事例において、当該解雇が無効と判断されている（日立製作所事件・横浜地判昭49・6・19労判206号46頁）。

Q8 性的指向等に関係する解雇に関する問題

以下のようなケースにおいて、LGBT社員に対する解雇の有効性は、どのように判断されますか。また、どのような点に気を付ける必要がありますか。

① A社員は、バイセクシュアルであるとカミングアウトしたところ、その次の日に何ら具体的な理由を告げられることもなく解雇された。

② ゲイであるB社員は、経理を担当していたが、帳簿を不正に操作するなどして、会社のお金約200万円を横領したため、懲戒解雇された。

③ トランスジェンダーであり、店舗の窓口にて顧客対応を行っていたC社員が突然身体上の性別と異なる服装で出社してきたことに端を発し、会社とトラブルになり、解雇された。

1 解雇の有効性判断の基本的な考え方

非違行為を行った社員を懲戒解雇する場合であれ、能力不足の社員を普通解雇する場合であれ、その社員がLGBTであるか否かにかかわらず、当該解雇が有効か否かは、当該解雇が客観的に合理的な理由があるか、および社会通念上相当であるか否かで判断されます（労働契約法16条）。

したがって、LGBT社員に対する解雇の有効性の判断においても、客観的合理的な理由の存否、および社会的相当性の有無の要件の判断が重要になります。

もっとも、LGBT社員に対する解雇のケースは、特に、本章Q5で解説した間接影響ケースにおいては、客観的合理的な理由の存否、および社会的相当性の有無の判断の中で、性的指向・性自認に関係する事案に特有の判断

第3章　職場の問題への対応

要素が考慮される可能性があります。

　なお、自由民主党に設置された「性的指向・性自認に関する特命委員会」が平成28年5月24日に公表した「性的指向・性自認の多様なあり方を受容する社会を目指すためのわが党の基本的な考え方」の別紙「性的指向・性自認の多様なあり方を受容する社会を目指すための政府への要望」において、「11.解雇や退職強要に関し、労働契約法第16条において『解雇は、客観的に合理的な理由を欠き、社会通念上相当であると認められない場合は、その権利を濫用したものとして、無効とする。』と規定されていることを踏まえ、単に性的指向や性自認のみを理由とする解雇、あるいは服装等を理由とする解雇が同規定に該当し得ることに留意し、事業主に対する必要な啓発・指導を徹底すること」とされていることにも留意が必要です。

2　設問①　LGBTであることを理由とする解雇事例

　設問①のケースは、解雇事由に該当するような事情がない中で、A社員がバイセクシュアルであるとカミングアウトした次の日に何ら具体的な理由を示さずに突然解雇していることからしても、LGBTであることを主たる理由として解雇した事案であると推認されます。

　このような解雇を正当化する合理的な理由は見出しがたいことから、原則として解雇は無効と判断されると解されます。

3　設問②　LGBTとは無関係の解雇事例

　設問②のケースは、200万円という多額の金銭を横領したという理由での解雇であり、客観的にみれば、当該解雇は、B社員がゲイであることとは無関係の理由によるものと推認されます。

　したがって、このケースでは、性的指向・性自認に関係する特段の検討は原則的に不要であり、通常の解雇事例と同様に解雇の有効性が判断されます。

100

4 設問③ 間接影響ケースにおける解雇事例

(1) 設問への回答

上記において、解説の便宜上、設問①および設問②を取り上げましたが、LGBT 社員の解雇の有効性が法的紛争にまで発展するケースとしては、本人の性的指向・性自認がトラブルの端緒となっているような間接影響ケースが多くを占めるのではないかと思います。

すなわち、設問①のケースであっても、実務上は使用者側からは、本人の性的指向によりトラブルが生じていたといった主張がなされることが考えられますし、設問②のケースであっても、労働者側から、本人の性的指向を理由に重い処分が科されたなどと主張されることが考えられます。

そこで、設問③の間接影響ケースにおける解雇の有効性がどのように判断されるかが重要となってきます。

前述のとおり、間接影響ケースにおける解雇の有効性の判断においても、解雇に関する客観的合理的な理由の存否、および社会的相当性の有無が大きく影響しますが、間接影響ケースにおいては、個別の事案ごとに企業側・LGBT 社員側の双方に一定の理解・配慮と相互の調整が必要となると解されるため、その有効性の判断の中で、①企業側に要請される LGBT 社員の人格的利益等への理解と配慮の内容・程度（企業規模、職種、事案等により異なり得る）、②LGBT 社員に要請される職場の秩序維持等への配慮の内容・程度、③双方の要請が対立した場合にその問題を解決するために行った協議の経緯・内容等が考慮されると考えられます。そして、LGBT に関係する差別・偏見がなくなっていない現状においては、1 回のトラブルで解雇が有効とされるためには特別の事情が必要と考えられます。

しかし、企業と LGBT 社員との間でトラブルが生じており、企業が、本人との間で問題解決のための協議を重ね、合理的な解決策も提示し、企業秩序に反する行為に対しては注意・指導も再三行ったが、解決の糸口が見出せず、実害が生じている（生じる現実的な危険がある）ようなケースにおいて

は、最終手段として解雇が有効とされるケースもあり得ると解されます。

この点、女性の容姿で就労することを求めたが承認されなかった性同一性障害の社員（以下、「X」といいます）が、突然女性の容姿をして出社してきたところ、会社（以下、「Y」といいます）が当面の混乱を避けるために女性の容姿をして就労しないよう命じ、Xがこれに応じなかったことなどから懲戒解雇とされた事案において、当該懲戒解雇の有効性が問題となった裁判例があります（S社【性同一性障害者解雇】事件・東京地決平14・6・20労判830号13頁）。

裁判所は、懲戒解雇を無効とする理由の中で、YがXに対して女性の容姿で就労しないことを要請することに一定の理解を示しつつも、「Y社員がXに抱いた違和感及び嫌悪感は、……Xにおける上記事情を認識し、理解するよう図ることにより、時間の経過も相まって緩和する余地が十分ある」と判示しており、解雇の有効性判断の中で企業側にも配慮を求めています。

したがって、本件においても、事業主としては、C社員との間で、社員教育を行うまでの間はこれまでの服装で出社してもらいたいことなどについて実質的な協議を行っておくことが非常に重要であり、その協議の過程において事業主が合理的な対案を示すなどしたにもかかわらず、C社員が服装について一定期間配慮することに同意せず、顧客との間にもトラブルが生じたといった事実があるようなケースにおいては、解雇が有効と判断される場合もあると解されます。

(2) 参考裁判例（U社【性同一性障害・解雇等】事件・山口地裁岩国支判平22・3・31労判1148号84頁）

ア 事 案

かねて性同一性障害を有していた女性（以下、「亡A」といいます）は、雇用されていた会社（以下、「Y₁」といいます）の同一部署に勤務していた同性の先輩従業員（以下、「Y₂」といいます）が、亡Aにつきまとわれ、リストカットの傷を見せつけられるなどのことで苦慮していること等を理由に、Y₁を退職する意向を表明するなどしたために、Y₁より、職場の風紀秩序を

著しく乱すものであることを理由として解雇処分とされました。

解雇の理由は、大要、①就業時間内に社屋内に正当な理由なく刃物を持ち込んだこと、②同刃物によりリストカットに及んだこと、③そのことを他の従業員に告げてその恐怖心を煽ったこと、④リストカットの傷を他の従業員に意図的に見せ、その恐怖心、不快感を増大させたこと、⑤このような行為により、Y_2 と C（先輩従業員）が退職を申し出るまでに追い込んだこと、⑥これらを総合し、Y_1 内の風紀秩序を著しく乱す行為に及んだものと評価できることというものでした。

その後、亡 A は自殺したことから、亡 A の両親（以下、「X ら」といいます）は、Y_1 および Y_2 を被告として、解雇は不当なものであり、亡 A の自殺は不当解雇が原因であると主張し、不当解雇に及んだ Y_1 に対しては選択的に労働契約債務の不履行または不法行為に基づき、また、Y_2 に対しては不当解雇に導医を与えた不法行為に基づき、X らそれぞれについて、損害賠償金等を求めました。

イ　判　示

①の「刃物」とは、一般に使用される事務用カッターナイフであり、これを社屋内に持ち込んだことをもって、解雇の正当性を基礎付けるものと評価することは困難である。

②～⑤の、リストカットをし、そのことを Y_2 や C に伝えたり傷を見せたりして恐怖心や不快感を増大させ、両名をして退職を申し出るような、あるいはこれに類するような心境に至らせた事実は、存在したものというほかはないが、亡 A において、自身の一連の行為により、Y_2 や C に対し、恐怖心を煽ったり、不快感を与えたりすることを積極的に意図していたことを認めるに足りる証拠は全くない。

Y_1 は、亡 A を勤務していた D 店から約120m 離れた Y_1 本社に配置転換することで問題を解決しようとしたことがあったところ、本社と D 店との業務が密接に関連し、関係者の接触が頻繁にあるという理由で、結局この案は採用されなかった。

第3章　職場の問題への対応

　日々の業務を遂行するにあたり、女子従業員3名のB部で顔を突き合わせて仕事をするのと、別棟で仕事をするのとでは日常の接触の度合いは全く異なると考えられる（このことは、E部長も認めている）から、十分な検証なくこの案を退けたことは早計というべきである。

　Y_1においては、本社およびD店の他にも、広域の配置転換という選択肢があり得たのであり、これによればY_2やCとの接触はほぼ完全に遮断できるはずであり、リストカット等の危険を視野に入れたうえで管理職による十分な監督ができるか否かという問題があるにせよ、少なくとも、この方法によることについて利害得失を十分に検討した形跡はない。

　Y_2は大学新卒でY_1に入社後、8年にわたりB部の業務を担当してきたベテランであり、Cも、B部での経験は1年程度であるものの、30代半ばで、20代の亡Aに比べれば年長者であるところ、亡Aは正社員となってわずか3か月に満たない経験不足の新人に過ぎず、この者の、特定の先輩従業員に対する言動によって、Y_1の企業秩序そのもの（個々の従業員の精神的平穏等ではなく）が動揺させられるということ自体、にわかには想定しがたいところと考えられる。

　以上の諸点を総合すると、本件解雇は、その合理性・相当性に疑問があるというほかなく、解雇権の濫用にあたるものとして無効というべきである。

ウ　ポイント

　上記裁判所の判示については、Y_2およびCの心情および実際にY_1内部の一部でも企業秩序に悪影響が生じていたことへの配慮が欠けるきらいがあります。

　しかし、今後、同様の事案が生じた場合の対応で事業主が留意しなければならない点は、亡Aの配置転換について十分な検討（協議）がなされていなかったと認定された点にあります。

　したがって、解雇を検討せざるを得ないケースであっても、事業主として解雇を回避できる手段がないかといった点について十分に検討しておくことが実務上は必要になるといえます。

Q9　退職勧奨に関する問題

Q9 退職勧奨に関する問題

LGBT社員に対して退職勧奨を行う場合に留意しておくことはありますか。

1　退職勧奨の意義と限界

退職勧奨とは、使用者が、雇用する労働者に対して自発的な退職意思の形成を働き掛ける説得行為であり、それを受けるか否かが退職勧奨の対象とされた労働者の自由意思にゆだねられているものをいいます。

この退職勧奨自体は、法的な効果を生じない事実行為であり、したがって退職勧奨を行うか否かは基本的には使用者の自由といえます。

しかし、退職勧奨といえども全くの無制約ではなく、使用者には被対象者の人格等への配慮などが要請されます。

2　LGBT社員に対して退職勧奨を行う際の留意点

(1)　共通の留意事項

まず、LGBTであるということのみを理由として退職勧奨を行うことの当否ですが、「障害者に対する差別の禁止に関する規定に定める事項に関し、事業主が適切に対処するための指針」(平成27年厚生労働省告示第116号)の「第3　差別の禁止　10　退職の勧奨(2)」において、以下のケースを差別に該当するとしていることが参考になります。

> イ　障害者であることを理由として、障害者を退職の勧奨の対象とすること。
> ロ　退職の勧奨にあたって、障害者に対してのみ不利な条件を付すこと。

105

第3章　職場の問題への対応

ハ　障害者を優先して退職の勧奨の対象とすること。

　この点、LGBT であることと業務遂行能力との間には基本的には何らの関連性がないと考えられることからすれば、LGBT であるという理由のみで退職勧奨を行うことは、LGBT への差別・偏見に基づく行為であり、その人格権を侵害するものとして違法と判断される可能性が高いといえます。

　また、たとえば、人員削減等のために退職勧奨を実施する場合に、LGBT 社員に対してのみ不利な条件を付したり、LGBT 社員を他の労働者に優先して勧奨の対象とすることも、不当な差別であり違法と判断される可能性がある点には留意が必要です。

　もっとも、前述のとおり、退職勧奨を行うこと自体は基本的には使用者の自由であるため、LGBT であることとは関係なく、能力不足や非違行為を行ったなどの理由により LGBT 社員に対して退職勧奨を行うことは許容されます。

　しかし、そのようなケースであっても、LGBT に対する差別であると判断されることがないよう、なぜ退職勧奨を行うに至ったのかという理由を合理的に説明できるようにしておくことが肝要です。

(2)　間接影響ケースでの留意事項

　LGBT であることがトラブルの端緒となり（たとえば、突然職場に心の性に応じた服装で出社してきた）、そのトラブルの解決の過程で退職勧奨を実施するようなケースにおいては（間接影響ケース）、かかる退職勧奨は LGBT への差別ではないかということが、LGBT と無関係の理由による退職勧奨のケースよりも問題とされる可能性が高くなるでしょう。

　そこで、退職勧奨を実施する前に、トラブル解決のために当事者と協議を重ね、それでも解決の目処が立たないといった状況において退職勧奨を実施するといった慎重な対応を行うことが求められます。

Q10 配転に関する問題

　LGBT 社員に対して配置転換・職種変更などといった配転を命じる場合に留意しておくことはありますか。
　また、LGBT であることが配置転換等を実施する端緒となっているようなケースでは配転は許されないのでしょうか。

1　配転に関する考え方

　配置転換などの配転の有効性については、①業務上の必要性、②不当な動機・目的の有無、③労働者の不利益の程度で判断されることになります（東亜ペイント事件・最二小判昭61・7・14労判477号6頁）。
　したがって、LGBT 社員に対する配転の有効性の判断においても、上記3要素を基準にその有効性の判断がなされることは他の労働者と同様です。

2　LGBT 社員に対する配転の一般的な留意事項

　もっとも、LGBT 社員の配転の有効性の判断においては、たとえば、以下のようなケースでは、①の業務上の必要性が欠ける、または②の不当な動機・目的があるとして、配転が無効とされる可能性があるため留意が必要です。
　まず、LGBT 社員からカミングアウトを受けた後に、（通常の異動の時期でもないにもかかわらず）直ちに配転が行われたようなケースでは、LGBT であることのみを理由に配転を行ったと推認され、違法と判断される可能性が高いと解されます。
　次に、通常の配転の時期と異なる時期に LGBT 社員のみに配転が行われたようなケース、または、複数の配転候補者が存在し、その中に配転を希望する候補者もいたにもかかわらず、さしたる根拠もなく LGBT 社員のみに配転がなされたようなケースは、当該 LGBT 社員への嫌がらせ等を目的と

第3章　職場の問題への対応

した配転ではないかと推認され、違法と判断される可能性があります。

　さらに、単にLGBTであるからという理由で特定の職種に従事させること（取引先との接点がある営業職ではなく事務職などに従事させる）、営業職の配置の基準を満たす労働者が複数いる場合に、あえてLGBTではない労働者を優先して営業職に配置することについても、やはり偏見に基づく配転であり、不当な目的があるのではないかと推認されるおそれがあり、配転が無効とされる要素になり得ます。

　このように、LGBT社員の配転については、一般論としても、配転の時期や特に人選の合理性については慎重に検討しておく必要があります。

　なお、性同一性障害の診断を受けた後に、カウンセリングを受け始め、家庭裁判所で女性名への改名が認められた労働者が、使用者より調査部から製作部製作課への配置転換が内示されたことについて、差別的な配転であると主張したものの、配転は有効とされた裁判例において、配転の業務上の必要性が肯定されるとともに、人選の合理性があったことが配転を有効とした1つの事情とされていることが参考になります（S社【性同一性障害者解雇】事件・東京地決平14・6・20労判830号13頁）。

3　間接影響ケースにおける配転の有効性の考え方

(1)　はじめに

　設問の後段は間接影響ケース（LGBTであることが配転を検討する間接的な要因となっているケース）ですが、このケースでは、前記の配転の有効性の判断要素を検討する中で、①企業側に要請されるLGBTの人格的利益等への理解と配慮の内容・程度（企業規模、職種、事案等により異なり得る）、②LGBTに要請される職場の秩序維持等への配慮の内容・程度、③双方の要請が対立した場合にその問題を解決するために行った協議の経緯・内容が考慮されると解されます。

　そして、間接影響ケースにおいては、問題が社内に留まっているケース

と、取引先・顧客等の社外の第三者が関係しているケースでは、有効性の判断に差異が生じる可能性があるため、以下において分類して解説します。

(2) 問題が社内に留まっているケース

LGBTへの偏見がなくならない現状において、たとえば、職場において、LGBT社員との間で何らかのトラブルが生じた社員から、LGBT社員を異動させてほしいといった要望がなされることが考えられます。

このような、問題が社内だけに留まっているケースにおいては、事業主から社員に対して、LGBTへの偏見等を解消すべくLGBTに関する社内研修等の啓蒙活動を行うといった措置を講じることが可能であり、まずはそのような配慮を一定程度行うことが要請されているといえます。

したがって、そのような措置を講じることなく直ちにLGBT社員を配置転換するなどの配転を行った場合には、当該配転が無効と判断される可能性があります。

(3) 取引先等の第三者が関係しているケース

次に、たとえば、営業担当者がLGBTであることを知った取引先から、担当者の変更を求められるといった事象が生じてしまうことも考えられます。

このような、取引先・顧客等の社外の第三者が関係しているケースにおいては、差別禁止法などが制定されていない現状において、問題が社内だけに留まっているケースのような対応をとることは現実的には困難な場合があり、事業主としては難しい対応を迫られます。

そこで、このようなケースでの現時点での対応策についてですが、LGBT社員の人格的利益への配慮と取引への影響などを考慮する必要があります。そのうえで、取引先・顧客に対して事情説明を行い理解を得るという方法や、問題のある取引先・顧客の担当のみ外すといった、配転を行わずに済む

---

1 社員であれば社内教育を行うことも可能であるが、取引先や顧客に対しては、取引における力関係などにも左右され、社員に対して実施するような教育を行うことは現実的には難しい側面があるといわざるを得ない。

第3章　職場の問題への対応

ようにするための方法や、配転を行うにしても本人の不利益が必要最小限に留まるようにするための方法はあるかといった事項を検討し、本人と協議する中で具体的な解決方策を見出していくことが要請されていると解されます。

そして、LGBT 社員との間で、上記のような協議を実質的に行い、事業主として合理的と考えられる対案の提示なども行ったが、妥協案を見出すことができなかったというようなケースであれば、LGBT に関する理解が世間に十分浸透していない現状においては、配転が有効と判断される可能性もあると解されます。

ただし、そのようなケースでも、配転先については本人の意向も考慮に入れたうえで行うということが実務上は無難といえます。

Q11 海外赴任に関する問題

① A社員に対してX国への海外赴任の可能性について内々に打診をしたところ、A社員は、「自分はレズビアンでありX国は同性愛行為に対して刑罰が科される可能性があると聞いているが、海外赴任は入社当初から希望していたことなので、是非行きたい」と非常に前向きな反応でしたが、A社員に危険が生じないか気がかりです。何か問題になる可能性があるでしょうか。

② B社員に対してY国への海外赴任を命じたところ、B社員は、「自分はゲイであるが、Y国では同性愛行為に対して刑罰が科される可能性がある」として、海外赴任を拒否しました。このようなケースではどのように対応すべきなのでしょうか。

③ C社員をZ国に海外赴任させることを検討していますが、Z国は同性愛行為に対して刑罰が科される可能性があるということです。海外赴任を打診する前提として、C社員に性的指向を確認することは問題がありますか。

1 LGBT社員の海外赴任と安全配慮義務

世界には同性愛行為等が違法とされ、刑罰の対象とされる可能性がある国や地域が存在しています。なお、同性愛行為に対する刑罰の適用対象がゲイ、レズビアン、バイセクシュアルに限られるのか、トランスジェンダーやインターセックス(中間的な性)にも適用されるのか、適用されるとしてもどのような刑罰が科されるのかは、国と地域によりさまざまですが、最高刑が死刑とされている国や地域もあります。

---

1 日経ショナルジオグラフィック社のwebサイト「地図で見るLGBT違法の国、合法の国」〈https://natgeo.nikkeibp.co.jp/atcl/news/16/a/062100038/?SS=imgview&FD=1420927604〉が参考になる。

第 3 章 職場の問題への対応

　海外赴任といってもさまざまな態様がありますが、少なくとも日本法人に籍を残して日本法人からの指揮命令を受けて業務を行う形態での海外赴任においては、事業主は労働者に対する安全配慮義務を抽象的には負っていると解されます（労働契約法 5 条）。

　したがって、社員に対して海外赴任を命じる場合には、安全配慮義務の一内容として、当該赴任先の国や地域における、同性愛行為等に関する刑罰の有無等について調査しておく義務があると判断される可能性も否定できません。

　このような調査義務を怠った結果、ゲイやレズビアンといった社員を同性愛行為等が禁止されている国に赴任させてトラブルが生じた場合には、企業は安全配慮義務違反に基づく損害賠償責任等を負担する可能性があります。

　そこで、①のケースでは、海外赴任を命じることは避けるべきといえます。

　なお、海外赴任を行っている企業は、赴任先の国における LGBT に関する情報を収集しておくことが望ましいですが、国により細かな点が異なる可能性もあるため、外務省に問い合わせるなどして確認することも検討に値するといえます。

2　刑罰が科される可能性を理由とした海外赴任の拒否

　前述のとおり、世界には、同性愛行為等が違法とされ、刑罰の対象とされる可能性がある国や地域があり、ゲイやレズビアンといった社員がそのような国や地域に海外赴任させられた場合、刑罰を科せられる可能性があるため、当該社員は、原則としてかかる国への海外赴任を拒否する正当な理由があると考えられます。

　このように解すると、事業主としては、ゲイやレズビアン等か否かを確認する確たる方法がないことから、不当な赴任拒否の理由となるのではないかとの疑念が生じると思われます。

112

しかし、そのような不当な赴任拒否の事例が生じる蓋然性がどの程度あるのかということを考えると、基本的には性善説に立って判断すればよいと思われます。真実ゲイやレズビアン等ではないにもかかわらず、そうであると虚偽の申告をして海外赴任を拒否したことが判明した場合には、事後的に重度の懲戒処分などを行うほかありません。

3　海外赴任に伴う性的指向等の確認

前述のとおり、同性愛行為に対する刑罰がある国や地域への海外赴任を命じる場合には、LGBT社員のプライバシーの問題との衝突は生じます。

しかし、企業は、海外赴任者に対して、少なくとも抽象的には安全配慮義務を負っており、また社員に刑罰まで科される可能性があるという重大な問題でもあるため、そのような国や地域への海外赴任を命じる社員に対しては、ゲイやレズビアンか否か（トランスジェンダー等に対する刑罰があればその点についても）について事前に確認しておく義務があると判断される可能性も否定できません。その意味では、上記のような国と地域に海外赴任を命じる場合、ゲイであるか否か等を確認することは問題ないと考えられます（特に、刑罰が重い場合には確認義務を肯定する重要な要素になると考えられます）。

ただし、性的指向等を確認すること自体は問題がないとしても、その開示はLGBT社員の人格権やプライバシーの問題が生じるため、その点に対する配慮は必要となります。

具体的には、①取得した性的指向等に関係する情報の厳格な管理、②回答いかんでLGBT社員に対して不利益な取扱いをしないということが最低限必要になってくることに留意しなければなりません。

113

第3章 職場の問題への対応

Q12 職場におけるトランスジェンダーの服装に関する問題

戸籍上の性別は男性であるトランスジェンダーの社員から、自分はトランスジェンダーであり、将来的には性別適合手術を受けることも視野に入れており、ホルモン治療も開始する予定であるから、職場において心の性（女性）に応じた服装の着用も段階的に認めてほしいという要望がありました。このような要望に対し、事業主としてどのように対応するのがよいのでしょうか。

1 トランスジェンダーの職場での服装の問題の考え方

トランスジェンダーの社員から、職場でも心の性に応じた服装で勤務をしたいとの要望がなされることがあります。

この点、トランスジェンダーにとって、心の性に応じた服装をするということは、その人格的利益と関連しており、職場においても、基本的には尊重されるべき事項であると解されます。

したがって、企業としても、トランスジェンダーの服装の問題は、たとえば週末のイベントなどで一時的な娯楽として男装（女装）をするなどしているケースとは異なるものであるということを理解して対応する必要があります。[1]

もっとも、特に、性別適合手術を受けていないトランスジェンダーが、職場において身体上の性別とは異なる服装で勤務することになる場合、企業としては、企業秩序維持等の観点から、トランスジェンダーの社員が心の性に応じた服装で勤務することによる社内外への影響について考慮せざるを得ま

---

1 性自認は、趣味趣向の問題ではなく、本人の意思ではいかんともしがたいものであると考えられている。

せん。

そこで、LGBT に関する理解が十分になされておらず、偏見等がいまだに存在しているという現状に鑑みれば、職場での混乱等を避けるために、職場にて LGBT への理解がある程度得られるまでの一定期間については、本人に対して職場での服装の変更を延期するよう要請することなどは許容されると解されます。

また、企業においては、企業風土、職種、担当業務等により、LGBT でなくても服装に関する一定の制約がありますし、社外の取引先・顧客等の第三者との関係では、LGBT に対する偏見等がなくなっていないことも考慮せざるを得ません。

したがって、トランスジェンダーの社員が心の性に応じた服装に変更する場合であっても、本人のパス度（どのように見えるか）に応じて段階的に実施するなど、服装等について一定の制約を課すことは許されると解されます。

なお、業務において制服の着用が定められている場合には、いずれの性であっても着用可能な制服の仕様（服装規程）への変更を検討することも考えられます。

2　裁判例

過去に、トランスジェンダーの職場での服装が問題となった裁判例があります（S 社【性同一性障害者解雇】事件・東京地決平14・6・20労判830号13頁）。

この裁判例では、戸籍上の性別は男性である性同一性障害の社員（X）が、会社（Y）に対し、女性の容姿で就労することを求めたが、許可されなかったために、突然、女性の容姿をして出社してきたことから、会社は、当面の混乱を避けるために女性の容姿をして就労しないよう求めたという経緯がありました。

上記の点について、裁判例は、「一般に、労働者が使用者に対し、従前と

2　化粧についても配慮が必要となることがある。

第 3 章　職場の問題への対応

異なる性の容姿をすることを認めてほしいと申し出ることが極めて稀であること、本件申出が、専ら X 側の事情に基づくものである上、Y 及びその社員に配慮を求めるものであることを考えると、Y が、X の行動による社内外への影響を憂慮し、当面の混乱を避けるために、X に対して女性の容姿をして就労しないよう求めること自体は、一応理由があるといえる」と判示しました。

　このように、裁判例においても、職場においてトランスジェンダーの社員が心の性に応じた服装を行うにあたり、企業がトランスジェンダーの社員に対して一定の配慮を要請することが認められていることは参考になりますが、上記裁判例は平成14年の裁判例であり、近時職場において、より LGBT に対する理解が求められるようになってきていることからすれば、現在においては、企業側には個別の事案に応じたより積極的な対応およびトランスジェンダーの社員との実質的な協議が要請されると思われます。

116

Q13 職場におけるトイレ（更衣室）に関する問題

トランスジェンダーの社員から、戸籍上の性別（身体上の性別）ではなく、心の性に応じたトイレを利用したいとの申出がありました。このようなケースではどのように対応すればよいのでしょうか。

1 トランスジェンダーのトイレ（更衣室）の問題の考え方

トイレの問題は、LGBTの中でも、主としてトランスジェンダーに多い問題であり、実際にトランスジェンダーのトイレの問題をめぐり、訴訟も提起されています。

トランスジェンダーの社員としては、心の性に応じたトイレを利用したいということが本質的な希望であり、心の性に応じたトイレを利用できないことで排泄障害を患うこともあり、企業としても何らかの対応を行う必要があります。他方、企業としても、職場の他の社員の理解が得られるかという問題や（自社ビルではなく、社員以外の第三者がトイレを利用する場合はオーナーや第三者の理解も得られるか）、施設の構造上の問題、改修費用等のコストの問題などが生じる可能性があり、明確な解決基準が見出しがたい非常に難しい問題といえます。

また、トランスジェンダーの心の性に応じたトイレ（更衣室）の利用については、以下のような懸念が示されています。

まず、トイレの問題ですが、特に女性用トイレの利用について、裁判例では「女性トイレは、痴漢などの犯罪予防の観点から、男性の侵入が拒絶される場所である。そこに、2人きりになることも考えられる以上、女性社員が、従前の男性として接していた従業員を、装いの変化を根拠に受け入れることは、心理的に容易ならざることである。このことからして、少なくとも

男性としての外性器を有したままの状態である性同一性障害（性転換症）者に、女性用トイレの使用を許可することは、女性社員の抱く恐怖感と犯罪行為のおそれに鑑み、避けるべきであろう」（清水弥生「批判」労判849号14頁以下参照）との指摘がなされています。

次に、更衣室の問題については、「更衣室については、その空間が、衣服を脱ぎ、無防備な状態になる場所であることを考えると、トイレ以上の配慮が求められる。配慮に当たっては、女性社員のみならず、性同一性障害（性転換症）者についても、奇異の目でみられることのないよう考慮することも必要と思われる」（清水・前掲14頁以下参照）との指摘がなされています。

したがって、トランスジェンダーの心の性に応じたトイレ（更衣室）の利用の問題を考える際は、上記の点にも留意する必要があります。

2　現時点における実務上の対応

上記のとおり、トランスジェンダーの社員の心の性に応じたトイレ（更衣室）の利用は、さまざまな要素を考慮する必要があり、企業によってとり得る対応が区々となる可能性があるため、何よりも重要なことは、本人がどのような希望をもっているのかを確認したうえで、企業側の施設の構造上の問題、費用面の問題等を考慮して、解決策を見出すために本人との間で協議を尽くすほかないといえます。

もっとも、解釈の指針となる法令等が存在しない現時点において、実務上とり得る対応の一例をあげるとすれば、トイレのうちの1つをジェンダーフリーのトイレとすることから始めることが現実的な対応であると考えられます。

ただ、トランスジェンダーからすれば、根本的にはジェンダーフリーのトイレを利用したいのではなく、心の性に応じたトイレを利用したいという要望をもっていることがほとんどです。このような人格的利益の問題もあり、また、トランスジェンダーであっても性別適合手術を受けることは物心両面で負担が大きく、性別適合手術までは望まない場合もあります。

そこで、職場における戸籍上の性別を変更するに至っていないトランスジェンダーの心の性に応じたトイレの利用についてですが、企業は他の労働者に対しても安全配慮義務を負っているものの、以下の3つの要素を総合考慮し、LGBT研修等により職場においても一定程度の理解を得られる状況になっているのであれば、当該懸念はかなりの程度低減されているとみることも可能であり、心の性に応じたトイレの利用に応じることを検討すべきケースもあると解されます。[1]

① 医師により性同一性障害であると診断されているか否か

② 本人のこれまでの職場での振る舞い等の状況

③ パス度（どのように見えるか）

1　更衣室の問題も、基本的にはトイレの問題と同様の視点で対応せざるを得ないと解される。

第3章　職場の問題への対応

> # Q14 社宅に関する問題
>
> 　当社には、福利厚生の一環として、新入社員が入社後5年目までは入居することが可能な借上社宅を用意しており、賃料も割安になっています。LGBTの新入社員が入居を申し出てきた場合に、これをあまりよく思わない社員からLGBTの社員と同じ借上社宅に入居することへの不安などが申告されるケースが想定されますが、会社としてはどのような対応が考えられますか。
>
> 　また、当社は、入社後1年目までは、借上社宅へ入居してもらうことになっていますが、LGBTであることを理由に該当する社員から入居を拒否された場合に、事業主として、どのような対応が考えられるでしょうか。

1　借上社宅での他の入居社員の不安感等への対応

　最近は、住居関係の福利厚生について、社宅への入居ではなく、家賃補助の受領などにシフトしているケースも多いように思われますが、たとえば、入社数年目までは割安の賃料で借上社宅に入居することが可能という制度を維持している企業もあります。

　そして、LGBTに関する差別・偏見、誤解等がなくなっていない現状において、借上社宅のケースでは、他の社員から、LGBT社員と同じ借上社宅へ入居することに不安を感じるといった意見や要望がなされることがあります。

　しかし、一般に借上社宅では、通常のマンションやアパートと同様に、トイレや風呂なども個別の部屋に完備されており、プライバシー等は確保されているため、他の入居社員の漠然とした不安感などは保護には値しないと考えられます。

したがって、事業主は、このようなケースで LGBT 社員の入居を拒否することは許されないと解されます。

そして、他の入居社員の上記不安感等については、入居社員等に対して、LGBT 研修を実施するなどして、当該入居社員の LGBT への理解が進むような社員教育を行うなどの対応が必要になります。

2 LGBT 社員が社宅への入居を拒否した場合の対応

企業によっては、たとえば、会社への帰属意識を高め、社員間でのコミュニケーションの円滑化を図るといった観点から、新入社員に対して社宅（借上社宅）への入居を強制しているケースがあります[2]。

この点、社宅への入寮の強制が可能であるかが問題となりますが、社宅への入居の目的自体は、現在においても相応の合理性があると考えられます。したがって、採用条件で社宅への入居が義務付けられることが明示されており、当該社員がそれを前提に入社を決断した場合で、入社後も就業規則等においても入居が義務付けられており、安全面にも相応の配慮がなされ、かつ、入居の目的との関係で入寮期間に限定（たとえば入社 1 年目まで等）が設けられているのであれば、社宅への入居を一定期間強制することが可能なケースもあると解されます。

このように、新入社員に社宅への入居を強制している企業では、トランスジェンダーの社員がそれを理由に入居を拒否したり、入居するとしても何らかの配慮を求めるというケースが予想されます。

しかし、社宅とはいえ、一般のマンションやアパートと同様に、個室にトイレや風呂が完備され、プライバシーに配慮されているような場合であれば、原則としてトランスジェンダーの新入社員に対してのみ特段の配慮をすることは不要と考えられます[3]。

1　保護に値しないだけではなく、LGBT への偏見からくるものともいえる。
2　社宅が労働基準法94条以下の寄宿舎には該当しないことを前提とする。

第 3 章　職場の問題への対応

　もっとも、社宅の風呂やトイレなどが共用であるケースでは、トランスジェンダーが、心の性に応じた風呂やトイレを利用したいという希望をもっていることへの配慮が必要となります。

　そこで、事業主は、後者のケースでは、まず当該社員との間で、代替案を含めて協議を行うことが必要であり、また、代替案が見出しがたいようなケースにおいては、例外的に社宅への入居を免除するといった対応をとらざるを得ないこともあります。

3　このようなケースでも、新入社員に社宅への入居を強制することの可否については別
　途問題となる。

Q15 性別適合手術による欠勤に関する問題

トランスジェンダーの社員が、性別適合手術を受けることになり、来月から欠勤することになりました。本人の勤怠の取扱い等について留意することはありますか。

1 性別適合手術

トランスジェンダーが、特例法に基づき戸籍上の性別の変更を行うためには、同法3条1項4号および5号により、「生殖腺がないこと又は生殖腺の機能を永続的に欠く状態にあること」、「その身体について他の性別に係る身体の性器に係る部分に近似する外観を備えていること」という要件が規定されているため、性別適合手術を受ける必要があります。

そして、性別適合手術を受けるためには、その手術の内容に応じ数十万から数百万円単位の費用がかかり、手術を受けるに至る過程も含めれば、さらに費用がかかることになります。

したがって、費用面も含めて考えると、トランスジェンダーが未成年の間に性別適合手術を受けることは難しいため、就労を開始してから性別適合手術を受けることを決意するというケースが多いと考えられます。

その場合、性別適合手術を受けて勤務を開始できるようになるまでには数か月がかかることもあるため、その間、労務を提供できないことになり、事業主として当該期間の勤怠についてどのように対応するのかが問題になります。

2 性別適合手術による欠勤と勤怠に関する問題

現在は、中小企業であっても、業務外の負傷や疾病に適用される私傷病休職制度が整備されているケースが多いため、社員（期間の定めのない労働契約

第3章　職場の問題への対応

を締結している正社員）が私傷病により労務の提供をすることができない場合、有給休暇が残っていればまずは有給を使用し、有給の使用ではまかなえない場合は、欠勤となり、欠勤が一定期間続けば私傷病休職制度が適用されるという流れになることが一般的かと思います。

　この点、性同一性障害を「障害」と位置付けることが適切かということについては医学の分野等においては争いがあるところではありますが、現時点において、性同一性障害は、法的に疾患の一種と位置付けられているため、トランスジェンダーの社員が性別適合手術を受けることを理由に一定期間労務の提供が不可能となる場合も、企業は、「業務外の傷病」として、基本的には上記と同様の流れで対応することになると解されます。

　もっとも、性別適合手術については、他の私傷病による手術とは異なり、事前に手術に関する予定についてある程度の協議・調整することは可能であると解されるため、トランスジェンダーの社員の側にも、可能な範囲で手術の予定を会社と協議・調整するという配慮は求められているとも解されます。

　なお、性別適合手術による欠勤の問題については、私傷病休職を適用せずに勤怠不良等を理由に解雇が可能か、といった議論が生じる可能性はありますが、少なくとも医師により性同一性障害であると診断されており、性別適合手術を受けるにあたり、診断名、性別適合手術を行うこと、復帰までの期間等が記載された診断書が提出されているようなケースであれば、術後にリハビリ等を経て職場復帰できる可能性が高いといえるため、仮にそのような理由で解雇をしたとしても、解雇は無効とされる可能性が高いと考えられます。

124

Q16 職場のLGBTに関する対応手順

当社では、職場のLGBTに関する事項について取り組んでいこうと考えているのですが、どのような手順で何をすればよいのでしょうか。

1 はじめに

　職場のLGBTについて、事業主として対応をとる必要性には気付いていても、何をすればよいのかわからないという企業もあるのではないかと思います。

　そこで、本章Q2での解説と重なる部分がありますが、対応手順の一例を示したいと思います。なお、最初は、何をすればよいのかわからないとしても、1つひとつ進めていくことが重要です。

2 経営トップのメッセージ

　職場のLGBTへの取組みについては、現場に一定の負担を求めることになることから、経営トップのトップダウンで実施する必要があります。

　この経営トップの後ろ盾がないと、実際に職場のLGBTへの取組みを推進していく管理部門の社員が孤立してしまう可能性があります。

　したがって、実際に職場のLGBTへの取組みを推進していく管理部門の社員が、現場に対して、「経営トップからの強い意向で進めている」と断言できる環境を整える必要があり、そのためにもまずは、経営トップが職場のLGBTの就労環境に関する事項について取り組んでいくとの強いメッセージを社内に向けて発信することが何よりも重要になります。

3 担当チームの設置（担当者の選任）

　経営トップがメッセージを発信したとしても、やはり実際に取組みを推し

125

第3章　職場の問題への対応

進めていくのは管理部門の社員になります。

　また、職場の LGBT への取組みについては、一貫した理念に基づき対応する必要があり、プライバシーへの配慮や、秘密保持の徹底が求められます。

　したがって、職場において LGBT への取組みの検討を開始する場合には、ある程度の規模の企業であれば数人でチームを作り、小規模の企業であれば、管理部門の中からある程度上位の役職者を担当者として選任することが望ましいといえます。

4　メッセージを目に見える形にする

　経営トップが、職場の LGBT への取組みを行うという強いメッセージを発したとしても、それが目に見える形になっていないと一過性の問題で終わってしまう可能性があります。

　したがって、本章 Q2 で解説したセクハラを含む各種のハラスメントに関する就業規則の変更以外にも、性的指向や性自認において差別は行わないことを自社のポリシー等に盛り込むといったことも検討することになります。

　この際、あくまでも社員に限定した行動規範とするのか、取引先などの外部に向けても発信するのか、外部に向けて発信する場合は、どのような形式で発信するのか[1]といった点についても検討しておくことが有用です。

5　社内研修等による啓発活動

　LGBT への差別・偏見等がなくならない背景として、社員が LGBT について知らないということも 1 つの要因となっています。

　したがって、まずは、社内において、社員に対して、①性の多様性、②LGBT という言葉の意味、③LGBT の割合、④LGBT の職場での困難性、

1　ホームページ上で公表している行動規範、ダイバーシティポリシー等に盛り込むことが多い。

⑤LGBTへのハラスメントの禁止、アウティング等について、研修を実施することが必要になります。

この社内研修は、講師によって内容やスタンスに差異が生じることが多いため、できれば弁護士といった法律の専門家、LGBT当事者など、時期を変えて複数の講師の研修を従業員に受講してもらうことが有用です。

6　福利厚生等の社内制度の検討

どの職場においても一定数のLGBTが勤務している可能性がある中で、慶弔休暇等の福利厚生の適用について、法律上の配偶者が存する社員との間の不公平感を抱いているLGBT社員がいる可能性があります。

そこで、社員間の公平という観点から、法律上の配偶者が存する社員を想定して適用されてきた慶弔休暇等の福利厚生について、LGBT社員への適用を積極的に推進していくということも検討に値します。

7　アライ

さらに一歩進んだ取組みを行うのであれば、職場において「アライ（理解者・支援者。LGBTを理解し、特別扱いしないで支援するLGBTではない人）」を増やす活動を行うことが考えられます。当事者からすれば、職場にアライがいるということだけでも安心感につながります。また、アライが増えることで差別等への抑止力にもなり、当事者とのコミュニケーションが増加することで、職場でのLGBTの理解も進み、よりLGBTが働きやすい環境を構築していける可能性があるといえます。

上記のような取組みをどのように、どこまで進めていくかについては、企業によりさまざまな考え方があると思いますが、LGBTの社員が職場に「必ずいる」ということを前提に、できることから始めてみるという姿勢で対応していくことが必要になってきていると思われます。

2　同性パートナーとの婚姻の場合にも休暇を認めるといった対応である。

第4章
企業活動に伴う問題への対応

Q1 施設運営におけるLGBT対応

当社では、会員制のスポーツクラブを経営しています。LGBTの更衣室利用についてはどのように対応すればよいでしょうか。

1 はじめに

　トイレや更衣室など、性別によって利用者を分けている施設内の機能は数多く存在します。また、施設内の一部の機能にとどまらず、施設の利用者自体について特定の性別のみを対象としている場合もあるでしょう。

　こうした施設は、生物学上の男女のみを基準として利用対象者を区分しており、生物学上の性別と、性自認および性的指向の相違については運用において想定されていないことがほとんどです。

　しかし、多くの場合、異なる性別で利用対象者を区分している趣旨の1つは利用者の性的羞恥心の保護、ひいては性自認および性的指向に基づく感情の保護にあると考えられます。LGBTの施設利用において一律に生物学上の性別による基準を適用すればそのような趣旨が損なわれるおそれがある一方で、施設運営者側としても他の利用者や設備上の制約との兼ね合いの中で、どこまで柔軟な対応を求められるのかという点に苦慮しているというのが現状です。

第4章　企業活動に伴う問題への対応

2　裁判例（事例①）

⑴　事案・判旨

　実際にLGBT利用者の施設利用に関して訴訟が提起され、判決に至った例としてはゴルフクラブに関する事件が有名です（静岡地裁浜松支判平26・9・8判時2243号67頁）。原告の戸籍上の性別は元々男性でしたが、性別適合手術を受け、特例法に基づき、戸籍上の性を男性から女性に変更したうえでゴルフクラブの運営主体（以下、単に「クラブ」といいます）への入会を求めました。しかしクラブ側は、入会資格を男性に限っていることを理由に、原告の入会を拒否したというケースです。

　この事件において裁判所は、①入会を求めることによってクラブ側に生じる不利益と、②入会拒否によって当該利用者に生じる不利益とを比較するという判断手法を採用しました。

　そのうえで、①原告が性別適合手術によってすでに女性としての外見を有していたことおよびクラブを含め過去に原告が女性用の施設を使用した場合においても特段の混乱は生じていないことから、クラブの既存の利用者に不安感や困惑が生じることで施設運営に支障が生じる見込みは低いこと、②入会拒否が、自らの意思ではいかんともしがたい医学的疾患である性同一性障害を治療することで性別に関する自己意識を身体的にも社会的にも実現してきたという利用者の人格の根幹部分を否定する行為であり、被った精神的損害は看過できない重大なものと評価したうえで、クラブ側の入会拒否は違法であると判断し、慰謝料110万円（うち弁護士費用10万円を含む）の賠償責任をクラブ側に対して認めました。

⑵　裁判例の分析

　本裁判例は精緻な事実認定に基づく事例判断ではあるものの、LGBT利用者の施設利用の拒否一般について考えるうえで相応の先例的価値を有するものと評価できます。

　まず、性別適合手術によって性自認と同じ性別の外見的特徴を有している

130

場合、他の利用者は当該 LGBT 利用者の存在について違和感や不安感を覚える可能性は乏しく、結果として通常は施設利用において混乱は生じないものと考えられます。また、性別適合手術は肉体的、精神的な負担を伴うものであり、性別適合手術を受けた LGBT 利用者が利用拒否によって被る精神的損害は重大なものという評価は、上記の裁判例に限らず他の事案においてもあてはまると考えられます。

もっとも、上記の裁判例は、性別適合手術を受けたあと、特例法に基づいて戸籍上の性別変更まで行った LGBT 利用者に関する判断です。特例法上は、性別適合手術を受けていることのほかにも複数の要件があり、特例法の適用には相当程度の負担を強いることになります。そこで、特例法に基づく戸籍上の性別変更を行っていない LGBT 利用者については、どのように考えればよいでしょうか。戸籍上の性別変更の有無は、施設運営者側の保護利益および LGBT 利用者側の被侵害利益の多寡に影響は与えられないものと考えられますが、この点を考えるうえで参考になるのが次に紹介する事例です。

3　裁判上の和解例（事例②）

女性への性別適合手術を受けた利用者が、女性用の更衣室の使用を求めたにもかかわらず、戸籍上の性別である男性用の更衣室の使用を求められたことにより人格権を侵害されたとして、施設運営者であるスポーツクラブ側に慰謝料など約470万円の支払いを求めた訴訟が提起されたことが報道されています（毎日新聞平29・6・19）。この事案において、LGBT 利用者は特例法に基づく戸籍上の性別は行っていなかったという特徴があります。

本件は訴訟提起後に和解による解決がされたため判決は存在しないものの、各社の報道によれば、裁判所から出された和解勧告には、①性自認を他者から受容されることは人の生存にかかわる重要な利益であること、②契約上のサービスを受ける場においても、性自認に従った取扱いを求めたことのみをもって冷遇されたり排除されたりすることがあってはならないことなど

第 4 章　企業活動に伴う問題への対応

が記載されていたとされ、利用者の主張にも相当程度理解を示した内容の和解勧告がなされたと考えられます（具体的な和解内容については非公表）。

　和解勧告の中ではありますが、性自認を他者から受容されることが重要な利益であるという考え方が示されたことは、LGBT 利用者の施設利用を検討するうえで参考になりうるものと考えられます。

4　利用諾否に関する判断の指針

　上記の各事例を踏まえると、少なくても性別適合手術を受け、性自認と同じ外見的特徴をもつ LGBT 利用者に対しては、原則として当該性自認の性別に沿った施設利用を認めるべきであり、これを怠れば法的責任を負担する可能性があると考えられるでしょう。

　また性別適合手術を受けていない場合であっても、施設利用の拒否が違法となる可能性がある点には留意すべきです。なぜならば、裁判所はあくまで施設側と LGBT 利用者双方の侵害利益（保護利益）を比較考量する手法を用いているところ、利用を受け入れることによって施設側が被る侵害利益の多寡は、当該施設および設備の性質や利用態様によって異なりうるからです。

　確かに集合更衣所や浴場など不特定多数の利用者が相互の性的部位を容易に視認しうるような場所や、化粧室のような性的羞恥心の保護が強く要請されるような場所においては、異なる性別の外見的特徴をもつ者が利用した場合において生じる他の利用者の不安や混乱、そしてそれらに起因する施設運営者側の不利益も相応に認められる可能性が高いといえそうです。

　他方、これらにあたらないような施設（宿泊施設、飲食店、交通車両等）については、上記のような施設と同等の施設側の侵害利益が認められるかという点について慎重な検討が必要になるものと考えられます（なお、レディース・マンションへの居住申込については本章 Q 3 を参照）。

　したがって、性別適合手術を含む外見的な特徴を暫定的な判断基準としたうえで、当該施設および設備の性質や利用態様並びに代替手段の確保の容易性なども考慮し、LGBT 利用者の利用をより制限しない形での解決策があ

132

るかを検討したうえで、施設利用の可否を決めることが必要となります。

5 対応指針

利用の諾否のほかにも、施設運営者側としては以下の事項に留意し、対応を検討する必要があります。

(1) 利用者の状況および要望について正確に理解すること

本書でも解説されているとおり、LGBT は生物学的性別、性自認および性的指向の要素を含んだ概念であり、その組み合わせや内容によって施設側に配慮、対応を求める内容も異なります。また個人によっては、性別適合手術やホルモン治療を受けており、これらの処置を受けている場合でもその程度はさまざまです。「LGBT の利用者だから～」「トランスジェンダーの利用者の場合は～」といった決めつけや思い込みをしないように注意し、利用者がどのような状況にあり、なぜそのような対応を求めるのかという点を慎重にヒアリングする必要があります。特に前述のとおり、外見的特徴は施設の利用態様を決めるうえで 1 つの大きな基準となり得ます。

もちろん、これらの情報は極めて秘匿性の高い個人情報となりますので（個人情報保護法上の位置付けについては本章 Q 5 を参照）、その開示や提出にあたっては当人の任意によることはもちろん、提供を受けたこれらの個人情報の管理や社内の共有にあたっては慎重な対応が必要となります。

(2) 事前にガイドラインやマニュアルを整備しておくこと

施設側の従業員にとって十分な知識がない場合、違法な対応や取扱いをしてしまったり、違法とはいえなくても不適切な対応をして利用者に不快な思いをさせてしまったりする可能性があります。社員教育や研修などを通じて、従業員が LGBT に関する正確な知識を習得できる機会を提供することが望ましいことはもちろんですが、従業員全員がいつでも適切な対応ができるようガイドラインやマニュアルを整備しておくことが望ましく、そのことが結果的に施設運営側のレピュテーションリスクを回避することにもつながります。

第4章　企業活動に伴う問題への対応

⑶　他の利用者から何らかの苦情があった場合の対応について、事前に協議をしておくこと

　LGBT 利用者の施設利用について特別な配慮を行った結果、他の利用者から苦情が入ることも考えられます。LGBT であることや性別適合手術を受けていることは、LGBT 利用者にとって極めて秘匿性の高い情報となるため、安易な第三者への開示は厳に慎む必要があります。もっとも、苦情を入れた利用者に対して特別な配慮の背景事情を説明しようとすれば、事実上LGBT 利用者に関する上記の情報を開示することになってしまうという側面があり、施設運営者側としては対応に苦慮するところです。そのため、苦情が入った場合の対応についても事前に LGBT 利用者と対応を協議しておき、説明の方法や開示の程度について、あらかじめ LGBT 利用者から同意を取得しておくことが望ましいと考えられます。

6　性的指向に関する取扱い

　上記は性自認と性的な外見に関する場面を想定していますが、性的指向に基づく施設利用の拒否は、戸籍上の性別や（性自認に基づく）性的な外見とは異なり、施設側において利用者の性的指向を知る端緒がない以上、この点が問題になること自体が極めて稀であると考えられます。

　また、施設利用において、内面的な事象である性的指向が原因となって、他の利用者に不安や混乱をもたらすということはおよそ考えにくく、違法となるケースが多いものと考えられます。事例①では、クラブの正会員に対し、入会拒否後に行ったアンケートにおいて、回答者の約 6 割が入会拒否に賛成していたという事情があることを踏まえると、他の利用者の性的指向について否定的な反応をする利用者がいたとしても、そのことのみをもって利用拒絶することは正当化されないと考えられます。

134

Q2 レディース・プランへの対応

当店では毎週水曜日にレディース・プランとして女性のみが利用できる割引サービスを設けています。外見上の性別が戸籍上または生物学上の性別と異なる利用客や、自認が外見上の性別と異なる利用客への適用についてはどのように対応すればよいでしょうか。

1 はじめに

　多くの店舗や施設において、レディース・デイやレディース・プランという女性を対象にした特別なサービスが設けられています。サービスの内容は、料金の割引であったり、グッズや飲食物の無償提供であったりとさまざまですが、いずれも通常のサービス内容に比して女性を有利に取り扱うという点で共通しています。サービスの適用対象となるかどうかは外見で判断しているケースがほとんどだと思われますが、LGBT、とりわけトランスジェンダーの中には自己の性自認とあわせた外見を指向していたり、性的部位の一部または全部について性別適合手術を受けていたりする場合があります。また外見にかかわらず、自身の性自認とあわせた取扱いを求めることも考えられます。そのような場合、レディース・プランを提供している店側としてはどのように対応するのが望ましいでしょうか。本問は主にこの点につき、検討・解説します。

　なお、レディース・プランと同じように男性のみを対象としたメンズ・プランも当然のことながら存在します。本問では事例においてレディース・プランを題材としていますが、以下で述べる内容はレディース・プランに限定されるものではなく、特定の性別に限って経済的便宜を与えるサービス全般に妥当するものです。

第4章　企業活動に伴う問題への対応

2　契約自由の原則

(1)　概　要

　本項の主題について考える前提として、特定のサービスを「提供する／しない」の判断にあたり、店側にはどこまで自由があるのかという点を確認します。

　買い物や店舗・施設の利用というのは日常的な風景ですが、法律の面からこれを因数分解すれば、売買契約や役務（サービス）の提供契約など各種の契約に関する申込と承諾（合意）がなされ、契約の締結という法律行為が行われているということになります。

　私人間の契約締結においては、私法上の大原則として契約自由の原則が妥当し、私人は、契約関係を選ぶ相手方選択の自由、契約内容に関する内容の自由、契約方式の自由を有しています。つまり、誰とどのような契約をどのように結ぶかという自由を有しており、換言すれば自身の意向に沿わない場合は契約を締結しない自由を有するということになります。

(2)　例　外

　もっとも、契約自由の原則も無制限に認められるわけではなく、一定の制約がかかります。

　まず、法律による制約があります。たとえばタクシー会社や鉄道会社などの一般旅客自動車運送事業者は、法律によって認められた一定の場合を除き、運送の引受けの拒絶（いわゆる乗車拒否）はしてはいけないことになっています（道路運送法13条）。

　さらに、明文の規定がなくても、契約の拒絶により権利侵害が発生し、その侵害の内容が重大である場合には、契約の拒絶が違法とされる場合があります。ゴルフクラブが施設運営上の不利益などを理由にLGBT利用者の施設利用を拒否した事案では、「私人の行為が看過し得ない程度に他人の権利を侵害している場合、すなわち、社会通念上、相手方の権利を保護しなければならないほどに重大な権利侵害がされており、その侵害の態様、態度が上

136

記規定等の趣旨に照らして社会的に許容しうる限界を超える場合は、不法行為上も違法になると解するのが相当」とし、結果として施設側の違法行為を認定しました（静岡地裁浜松支判平26・9・8判時2243号67頁。詳細については本章Q1を参照。）

このように、法律によって規定されている場合や、第三者の権利侵害の程度が社会的に許容する限度を超える場合は、契約自由の原則は制限され、契約締結の拒絶が違法となることがあります。

3 レディース・プランの法的位置付け

LGBTへの適用を考える前に、そもそもレディース・プランというサービス自体の適法性を改めて考えてみます。人間の生物学的な性別は生まれもって決せられるところ、このような自己の意思や努力によって変えられない事由に基づいて別異の取扱いを求めるには相応の正当な理由が求められるというのが原則です。もっとも、男性であっても通常サービスの提供自体が拒絶されるわけではありませんし、レディース・プランによるサービス（利用料金の割引や付属的なサービスの無償提供など）を受けられないことによる経済的な不利益も通常は限定的であると考えられます（そもそも女性への優遇によって男性が不利益を受けているのかという点も議論となりうるでしょう）。他方で、サービス提供者側が女性のみを優遇するのも営業上の理由によるものと考えられ、これには一定の経済的な合理性があり、男女間で受けるサービスの内容に多少の差が生じていたとしても第三者の権利侵害の程度が社会的に許容する限度を超えるとまではいえないと考えられます。

上記を踏まえると、基本的には一般的なレディース・プランという性別に基づく別異の取扱いは適法であり、社会的にも許容されているということができると考えられます。

4 対応の指針

レディース・プラン自体が契約自由の原則の範囲内だとすると、LGBT

第4章　企業活動に伴う問題への対応

利用者については店側の判断で自由にサービスの適用を断ってしまっても問題ないでしょうか。この点について参考になるのが、前掲静岡地裁浜松支判平26・9・8です。

同判決では施設利用を拒絶されたLGBTが被った侵害利益として、原告が「医学的疾患である性同一性障害を自認した上で、ホルモン治療や性別適合手術という医学的にも承認された方法によって、自らの意思によっては如何ともし難い疾患によって生じた生物的な性別と性別の自己意識の不一致を治療することで、性別に関する自己意識を身体的にも社会的にも実現してきた」ことを重視しています。

したがって、LGBTではない顧客について男性であることを理由にサービスの提供を拒絶する場合と、LGBTの顧客に対してその特性を踏まえ、妥当性を十分に検討することなくサービスの提供を拒絶する場合では、法的な評価が異なってくる可能性があります。

この点を踏まえても、上記3で述べた理由から、実際に店側の対応が違法と評価されるにあたっては、相応のハードルがあると考えられますが、法的なリスクが全くないとまではいえず、また昨今の世相を踏まえるとレピュテーション・リスクについては慎重な評価が必要です。

また、性別適合手術やホルモン治療の有無など高度のプライバシーにかかわる内容について行う事実確認は、その後の情報管理も含めて常にプライバシー侵害の危険性と隣り合わせであるという点を認識する必要があります。

ここからはビジネスジャッジの領域ではあるものの、店側が負担する総合的なリスクと、レディース・プランは営業政策に過ぎず厳密な適用を行う必要性が乏しいことを踏まえると、店側としては利用客の申告に基づいたサービス適用を行うことも十分検討に値すると考えられます。

なお、上記の前提とは逆の場合、すなわち戸籍上は女性であるものの、外見上は男性という場合も想定されます。意図して男性的な外見を指向されている方が女性としての取扱いを求めるということはあまり想定されないものの、仮にそのような要望があった場合は戸籍上の性別に基づく取扱いをする

138

ことで差し支えないと考えられます。戸籍上の性別が確認できない場合であっても、上記と同様に営業政策も踏まえた総合的な見地から利用客の求めに応じるということもとり得る対応の1つです。

5　補論（ファミリー・プラン）

上記はレディース・プランについて検討しましたが、特定の親族関係を有する場合にのみサービスを適用するファミリー・プラン（いわゆる「家族割」「夫婦割」など）はどうでしょうか。

まずファミリー・プランについても、レディース・プランと同様、一定の営業政策として行われており、これを受けられないことによる不利益も相当限定的であると考えられることから、特定の親族関係に基づいて別異に取り扱うことは適法であり、社会的にも許容されているといえます。

したがって、同性パートナー間に法的な婚姻関係がないことを理由にファミリー・プランの適用を拒絶しても、契約自由の範囲内として原則としては適法である可能性が高いと考えられますが、たとえば利用者が地方公共団体のパートナーシップ証明（詳細については本章Q4を参照）を取得している場合など、同性パートナー間の関係性につき特別の事情が認められるような場合には、かかる事情も考慮した慎重な対応が求められる可能性があります。総合的なリスクを踏まえれば、レディース・プランと同様、ファミリー・プランについても柔軟かつ幅広い適用を認めることも検討に値すると考えられます。

第4章　企業活動に伴う問題への対応

> **Q3** 賃貸経営におけるLGBT対応
>
> 賃貸アパートを経営しています。
> ① 防犯上の理由により入居者を女性に限定しているのですが、トランスジェンダーの入居希望者についてはどのように対応すればよいでしょうか。
> ② ファミリー用のマンションを経営しているのですが、同性愛者のカップルの入居希望者についてはどのように対応すればよいでしょうか。
> ③ 契約に基づき単身者用の住居となっているにもかかわらず、同性パートナーと居住していることが発覚しました。債務不履行解除をすることはできるでしょうか。

1　はじめに

　今日においてはレディース・マンションやペット用マンション、ファミリー向けマンションなど賃借人のニーズに応じたさまざまな賃借物件が展開されています。賃借人がLGBTであった場合、当該物件の特性とマッチすることが難しいケースも想定されます。本問では設例における賃貸人の対応について、検討・解説します。

2　契約自由の原則

　テナントのオーナーと入居者が結ぶ賃貸借契約も私人間における契約である以上、私的自治に基づく契約自由の原則が妥当します。したがって、賃貸人は誰を賃借人とするか（誰とは賃貸借契約を結ばないか）を決める自由を有し、入居拒否も原則としては適法であるところ、事案の特殊性に照らして、これが例外的に違法とならないかが問題となります（契約自由の原則とその例外についての詳細は本章Q2を参照）。

140

3 トランスジェンダーの入居希望者

　レディース・マンションに、生物学上・戸籍上の性別は男性であるものの、女性としての外見的特徴を有するトランスジェンダーが入居申込をした場合はどうでしょうか。

　この点については、ゴルフクラブが施設運営上の不利益などを理由にLGBT利用者の施設利用を拒否した事案（静岡地裁浜松支判平26・9・8判時2243号67頁。詳細については本章Q1を参照）や、スポーツクラブが施設利用を拒否した事案（本章Q1毎日新聞平29・6・19）が参考になります。

　レディース・マンションについても、男性としての生殖機能の有無、性別適合手術を受けて、女性としての外見的特徴をもつ者であるかどうかが1つの有力な基準となりうるでしょう。基準として明快であり（性別適合手術を要件としない場合、抽象的な「女性らしい」外見であるかどうかについて判断する必要がでてくる可能性があります）、またそのような外見的特徴をもつのであれば、他の入居者の不安や混乱が起きる可能性は少ないと評価できるケースが大きいと考えられるためです。また入居希望者が男性としての生殖機能を喪失しているのであれば、防犯の観点でも相対的に必要性が減じられると考えることもできるでしょう。

　もっとも、更衣室やシャワー室など性的部位を相互に視認しうる設備や、洗面所のような性的羞恥と密接に関連する設備の利用が伴うクラブ利用と異なり、居住に関しては通常そのような場面は想定されません。このことからすると、性別適合手術の対象となる胸部や恥部といった性的部位の外見的特徴にかかる重要性は相対的に低くなると考えられます。この点を考慮すれば、性別適合手術を受けているかどうかは単に基準として明確であるというだけであって、施設側（賃貸人）の被侵害利益の大小を勘案するにあたっては実質的な意味を有しないという評価もあり得そうです（入居希望者の被侵害利益の大小の認定にあたってはなお重要な意味をもち得ます。詳細は次頁を参照）。

第4章　企業活動に伴う問題への対応

　他方で、1回1回は単発的な利用に留まるクラブと異なり、賃貸借契約の締結は人の生活に深くかかわる住居に関する法律行為です。このような賃貸借契約固有の重要性を踏まえると、異なる性別および性的特徴をもつ者が入居することに対する他の利用者（入居者）の不安・混乱の多寡については、ゴルフクラブやスポーツクラブと比して重要視される可能性もあると考えられます。

　少なくとも公刊物や報道のレベルではこの点に関する法的な先例がないため、事案の集積が待たれるところではあるものの、賃貸人としては性別適合手術の有無を1つの基準としつつ、居住者に与える影響について実質的な検討を行うのが望ましいと考えられます。

　なお、入会を希望する者であれば広く受け入れられるのが原則となっているスポーツクラブと異なり、賃貸借契約は主に資力や職業などを中心とした入居審査を行うのが一般的です。トランスジェンダーや外見的特徴に関する事由以外の正当な理由を根拠に契約の締結を拒絶することは当然のことながら適法です。

　また実務上、入居審査によって契約拒絶をする場合には、その詳細な理由を開示しなくても差し支えありません。

　なお、上記の前提とは逆の場合、すなわち戸籍上は女性であるものの、外見上は男性という場合も理屈のうえでは考えられるところです。意図して男性的な外見を志向している入居希望者が女性としての取扱いを求めるということはあまり想定されませんが、仮にそのような要望があった場合、入居拒絶をしても違法にはならない（戸籍上の性別に拘束されない）可能性が高いと考えられます。上記静岡地裁浜松支判平26・9・8の事案とパラレルに評価軸をとれば、外見が男性である以上、他の入居者の不安や混乱は生じやすく賃貸人側の不利益が大きい一方で、男性として生きることを指向してきた入居希望者をその外見通り男性として扱ったとしても、入居希望者に生じる不利益の程度は相対的に小さいといえるためです。

142

4 同性愛者のカップルの入居希望

まず同性愛という性的指向のみをもって入居を拒絶することは、不法行為責任を検討するうえで違法と評価される可能性が極めて高いといえます。性的指向に基づく拒絶によって保護される賃貸人の正当な利益が乏しいと考えられることに加え、性的指向は人格の根幹部分にかかわるところ、契約の拒絶による被侵害利益が大きいと考えられるためです。このことは前掲静岡地裁浜松支判平26・9・8の例と比較すれば明白であると考えられます。

では性的指向ではなく、入居者が法的な親族関係（家族関係）にないことを理由として拒絶する場合はどうでしょうか。親族関係は婚姻により形成されますので、カップルにおいて婚姻関係を結んでいないことを理由にした拒絶と言い換えることもできます。

この場合であっても、やはり違法となる可能性は否定できないと考えられます。入居にあたって法的な親族関係・婚姻関係を要求することに正当な理由を見出しがたいためです（そもそも騒音などの問題から単身者しか受け入れていないというような場合は、当然に適法です）。

したがって同性愛者のカップルに対して、その性的指向および関係性に基づき契約拒絶を行うことは、法的なリスクを負担するため、可能な限り避けるべきであると考えられます。

5 単身用住居に同性パートナーと住んでいることが発覚した場合

契約において単身の居住しか認めていないにもかかわらず、複数人で居住している場合は、当該居住者が同性愛者であるかどうかは関係なく、それ自体が契約違反となり債務不履行を構成します。もっとも、賃貸借契約においては賃借人側に債務不履行が認められる場合であっても、信頼関係を破壊すると認めるに足りない特段の事情がある場合は、契約の解除までは認められないというのが確立された判例法理です。

143

第4章　企業活動に伴う問題への対応

　では、単身用住居に同性パートナーと居住することは、信頼関係を破壊すると認めるに足りない特段の事情が認められる違反といえるでしょうか。

　この点について参考になるのが、婚約者との同居について争われた裁判例（東京地判平22・8・6（平成21年(ワ)第19896号））で、同裁判例では賃借人の婚約者を、賃借人の「家族かこれに準ずる者」として、「共同住宅における住民として迎え入れるのに不適切な事情がない限りは、本件同居人の身元を明かさず、原告の承諾を得ないままに同居しているというその事実のみをもってしては、当事者間の信頼関係を破壊する程に重大な債務不履行とはいえない」と判示しています。

　この裁判例からすると、同性愛者のカップルであっても、両者の関係性（交際期間や経緯、パートナー関係を裏付ける公的な証明の有無など）によっては賃借人の家族に準ずる者となり、無断で当該パートナーと居住を開始しただけでは解除は認められないということになります。

　もっとも、賃貸人において契約を解除したいと考える場合においては、単に賃借人が同性パートナーと居住しているだけでなく、それに伴って何らかの弊害（騒音や近隣トラブルなど）が生じていることが多いと考えられます（前掲東京地判平22・8・6においても、賃借人らによる騒音被害の有無が論点となっています）。たとえ同性パートナーが賃借人の家族に準ずる者であったとしても、そのような弊害が生じていることも根拠にすることで契約の解除が認められる可能性は十分にあるといえるでしょう。

　また、同性パートナーに限ったことではありませんが、契約で単身の居住を定めている以上、かかる定めに違反している事実が発覚した後もパートナーとの居住を続ければ、違反の状態もまた継続することになります。そのような場合は信頼関係の破綻が認められやすくなると考えられます。

Q4 パートナーシップ証明等における条例対応

同性愛者のお客様が、そのパートナーとしての関係性を裏付ける自治体発行の書面を持参されました。この書面は、法的にどのような意味をもつのでしょうか。また事業者として LGBT 関係の条例対応はどのように考えればよいでしょうか。

1 はじめに

現時点で、日本において婚姻は（戸籍上の）異性間においてのみ認められているため、同性愛者間において婚姻をすることはできません。そのため、同性愛者は、これまでいくら相手方との間に真摯な関係性を形成していたとしても、その関係性や自身のパートナーとしての位置付けに関する公的な証明をすることが困難な状況に置かれていました（同性パートナー間の婚姻に関する詳細については第 2 章 Q 1 を参照）。

ところが、近年では一部の地方公共団体がこうした関係性の裏付けに関する取組みを始め、条例や運用において一定の公的な証明書やこれに類似する書面の発行を行う地方公共団体が出てきました。またこうした証明書等の発行を伴わなくても、差別禁止を謳う条例の中に性的指向や性自認に焦点をあてた規定を設ける事例も年々増加してきました。もっとも、各自治体の制度設計や条例の内容によって、その法的性質・効果は若干異なることから、本問ではこうした制度設計の位置付けや、代表的な例をいくつか参照しながら、その概略を取り扱います。

2 法律と条例

法律とは国の唯一の立法機関である国会において可決されることで成立する法形式をいい、条例とは地方公共団体（都道府県や市区町村など）において

第4章　企業活動に伴う問題への対応

定められる法形式をいいます。

　前述のとおり、現在の法律において同性間の婚姻は認められていません。また、同性パートナー間の関係に何らかの対外的な法的効力を発生させるような特別な法律も制定されていないため、同性パートナー間の関係性について（任意後見契約等の形式ではない）特別な証明書を有していたとしても、それは何らかの特別な法律関係や法律上の地位が存在することを意味するわけではないという点には留意が必要です。

　もっとも、条例の規定に法的な意義がないということではありません。まず、条例であっても法律に反しない限りにおいて法律上の権利義務を生じさせることが可能であり（地方自治法14条1項）、義務違反行為に対して一定の罰則を課すことも認められています（同条3項）。また当該条例が直接的に権利義務を生じさせず、また裁判規範としての性質を有しない場合であっても、行為規範としての性質は有することから、その趣旨目的や個別規定に違背することには相応のレピュテーションリスクが伴いますし、個別の事案およびその態様によっては、権利義務関係に関する一定の判断において間接的に斟酌される可能性があります。

　法律と条例の関係性ではあくまで法律が優越し、条例はあくまで法律の範囲内でのみ制定されるに留まりますが、上記のとおり事業者は条例についてもその内容を正しく理解し、適切に対応することが不可欠となります。

3　同性パートナー間の関係性に関する制度

(1)　制度概要

　同性パートナー間の関係性に関する制度にはどのようなものがあるでしょうか。有名なのが東京都渋谷区のパートナーシップ証明に関する制度であり、同区では、条例（「渋谷区男女平等及び多様性を尊重する社会を推進する条例」）によって同性パートナー間の関係性を証明する証明書を発行する制度を設けています。証明書発行の要件は以下のとおりです。

　①　渋谷区に居住し、かつ、住民登録があること

② 20歳以上であること

③ 配偶者および相手方以外の者とのパートナーがいないこと

④ 相手方が近親者でないこと

また、上記の要件に加え、⑤任意後見契約に係る公正証書（パートナーが互いに公正証書で作った、相手を任意後見人の1人とする任意後見契約書）と、⑥合意契約に係る公正証書（公正証書で作った、共同生活に関する合意契約書）が必要書類となります。

(2) 効 果

渋谷区のパートナーシップ証明制度の大きな特徴は、パートナーシップ証明制度を含む条例の趣旨・目的に著しく反する行為を行っている事業者に対し、一定の手続の下公表措置を設けている点です。具体的には、まず区内の事業者にはパートナーシップ証明を最大限配慮する義務が課せられ（条例11条1項）、区民および事業者には区長に対する苦情の申立て権が認められています（同15条1項）。苦情の申立てがあった場合、区長は必要に応じて調査や相手方である事業者等に対する指導等を行い（同条2項）、これに従わず条例の趣旨・目的に著しく反する行為を引き続き行っている場合は是正勧告を行うことができます（同条3項）。事業者等がこの勧告に従わない場合、区長はその事業者等の名前やその他の事項を公表することができます（同条4項）。つまり、大まかには、①苦情の申立て、②調査、③指導、④勧告を経たうえで、勧告に従わない者には公表措置をとれるような制度設計となっています。平成30年5月現在、まだこの公表措置を発動した事例は存在しないものの、この公表措置の存在自体が事業者にとっては一定のプレッシャーとなり、パートナーシップ証明制度の実効性を担保しているといえるでしょう。事業者の視点に立てば、（元より条例に定められた義務を遵守すべきであることはいうまでもないものの）このような一定の措置が設計されている制度下においては、条例の趣旨に合致しない差別的な対応が一定のレピュテーションリスクを伴うことに留意が必要です。

こうした制裁措置を講じている条例は珍しく、後述の差別禁止に関する各

第 4 章　企業活動に伴う問題への対応

条例においても、苦情申立てに関する制度は規定されているものの公表措置についてまで踏み込んだ規定はありません。

(3)　類似例

　同性パートナーの関係性に関して地方公共団体が創設する制度としては、他に東京都世田谷区のパートナーシップの宣誓に関する制度があります。こちらは条例ではなく要綱に基づく制度であり、一定の要件を満たすパートナーが所定の宣誓書を世田谷区に提出することで、区がその写しに収受印を押して提出者に交付する制度です。渋谷区のように公正証書の作成は要件となっておらず、形式上はより婚姻届に近い性質をもつものといえる一方、地方公共団体による証明ではなくあくまで当事者による宣誓の収受（受領）に留まります。

　あくまで要綱に基づく制度であり、渋谷区のように条例に基づく制度ではないため法規範性はありませんので、公表措置のような制裁規定もありません。そのため、総じて渋谷区のパートナーシップ証明制度よりも、手続・効果の双方において簡易な制度であるといえるでしょう。

4　LGBT の差別禁止に関する条例

(1)　制度概要

　では LGBT に関する差別を禁止する条例にはどのようなものがあるでしょうか。東京都国立市では条例（「国立市女性と男性及び多様な性の平等参画を推進する条例」）によって、何人も性的指向、性自認等を含む性別を起因とする差別を禁じており（条例 8 条 1 項）、また性的指向、性自認等を本人の意に反して公表してはいけないことを定めています（同条 2 項）。また事業者には、市が実施する男女平等参画の推進に関する施策（性的指向、性自認等にかかわりなく個人として尊重されることを含みます）に協力する義務が定められていますが（同 7 条）、これはあくまで努力義務です。

　こうした規定を前提として、市民や事業者は市に対して苦情および相談をすることができ（条例18条 1 項）、市は必要に応じて男女平等推進委員会の意

148

見を聞き、適切な措置を講じるものとされています（同条2項）。「適切な措置」の具体的内容は規定されておらず、事業者名等の公表や、罰則に関する規定もありません。

(2) 類似例

上記の国立市の条例に類似する条例としては「世田谷区多様性を認め合い男女共同参画と多文化共生を推進する条例」、「文京区男女平等参画推進条例」、「多摩市女と男の平等参画を推進する条例」などがあり、これらはいずれも性的指向や性自認に基づく差別を禁止しています。国立市の事例と同様、苦情申立てに関する規定やこれを受けた審議会の審査、関係者への説明の要求などに関する規定はあるものの、渋谷区のパートナーシップ条例にあるような公表規定はなく、罰則の規定もありません。

5 小 括

上記にみてきたとおり、平成30年9月時点では渋谷区のパートナーシップ制度のみが事業者名の公表を予定しており、またいずれの条例も罰則の規定はなく、罰金や過料による制裁までは予定していないことから、事業者としては、今のところ法的な規制について過度に恐れる必要はないといえそうです。もっとも、近年はこの分野における地方公共団体による条例の制定が相次いでいますし、苦情申立て制度等を通じたレピュテーションリスクも抱えることを踏まえると、最新の状況に基づく慎重な条例対応が求められることには変わりありません。

第 4 章　企業活動に伴う問題への対応

> **Q5　LGBT対象ビジネスでの法的留意点**
>
> LGBTを対象としたビジネスを検討しています。どのような点について留意すべきでしょうか。

1　はじめに

　最近では、LGBTを対象とした"LGBTフレンドリー"のサービスを標榜する企業も増えてきました。LGBTへの理解がある企業を紹介する就労関係のサービスや、LGBT向けの保険やローンなど、ありとあらゆる商品が展開されています。

　サービスを提供する企業からすれば、全人口に約5％から9％もいるといわれるLGBT層のニーズは1つの有力な市場であり、そこに配慮したサービスを提供するチャネルをもつことはビジネスチャンスの拡大を意味します。それだけではなく、少数者に対する配慮というCSRの側面を意識している企業も少なくないと考えられます。その動機・志向や、ビジネスモデルそのものの妥当性についてはさまざまな議論があり得るところですが、こうしたLGBT向けビジネスの増加の流れは、今後もしばらく継続すると考えられます。

2　顧客情報の取扱い

(1)　管　理

　LGBT向けのビジネスを行うにあたり、特に留意すべき点は顧客情報の取扱いです。平成29年に改正個人情報保護法が施行され、個人情報を扱う事業者（個人情報取扱事業者）のすべてが同法に基づいた取扱いをすることが必須となりました（従前の小規模事業者を規制対象外とする制度は廃止されました）。

LGBT向けのビジネス特有の留意点としては、当該ビジネスの顧客であること自体が、自身の性自認や性的指向に関する情報と直結し、極めて秘匿性の高い個人情報となることです。住所や氏名といった一般的な個人情報に加え、顧客であること自体も決して外部に漏洩することのないよう厳重な管理体制をしくことが不可欠となります。

近年個人情報の流出事件は社会的にも大きな耳目を集めており、流出によって精神的苦痛が生じたとして個人情報取扱事業者を提訴する例も相次いでいます。

個人情報の流出事故が発生した場合において認められる損害額は、その流出態様や実際に引き起こされた結果など当該事案の個別事情により大きく変動しうるものの、流出した個人情報の内容・属性は決定的に重要な法的意味を有します。たとえば、エステサロンを運営する会社のウェブサーバーから数万人分の顧客の機微情報（身体情報などを含みます）が流出した事案では1人あたり慰謝料3万円の損害賠償請求が認められました（東京高判平19・8・28判タ1264号299頁）。仮に性自認や性的指向に関する情報が流出した場合、こうした情報がもつ重要性・秘匿性を考えれば、過去の事案に照らしても高額な慰謝料が認められる可能性は極めて高く、とりわけかかる情報が改正個人情報保護法下において類型的に秘匿性の高い情報とされている「要配慮個人情報」に該当する場合（後述）は、エステサロンの事例を大幅に上回る損害が認定される可能性もあります。

個人情報の流出事故においては、その性質上数百〜数十万に及ぶ大規模な流出を伴う例も多く、性自認や性的指向に関する個人情報が大量流出した場合は、その損害賠償債務という偶発債務・潜在債務の発生により、一気に会社の財政状態が悪化するリスクがあります。また損害賠償債務だけではなく、そのような流出事故が発生したということ自体が会社の企業価値を大きく毀損させることが考えられます。

LGBT向けのビジネスを行うにあたっては、このようなリスクの存在を常に念頭に置き、厳重な顧客情報の管理体制を構築することが必要です。

第4章　企業活動に伴う問題への対応

(2)　収　集

ア　要配慮個人情報

　改正個人情報保護法の下では、個人情報の収集についても一定の制限がかけられています。具体的には「要配慮個人情報」に該当する場合、個人情報取扱事業者は、法令に基づく場合など一定の例外を除いて、あらかじめ本人の同意を得ないで当該要配慮個人情報を取得することが禁止されています（個人情報保護法17条2項）。したがって、こうした情報を本人の同意なくして取得し、かかる情報によって営業活動を行うことは法律違反となります。

　「要配慮個人情報」とは、「本人の人種、信条、社会的身分、病歴、犯罪の経歴、犯罪により害を被った事実その他本人に対する不当な差別、偏見その他の不利益が生じないようにその取扱いに特に配慮を要するものとして政令で定める記述等が含まれる個人情報」をいいます（個人情報保護法2条3項）。「政令で定める記述等」とは、身体障害等に関する事実や健康診断等の結果、逮捕歴等が規定されています（同法施行令2条および施行規則5条）。

イ　性自認

　ではLGBTである事実は「要配慮個人情報」に該当するでしょうか。

　まずトランスジェンダーのうち、性同一性障害は「病歴」（個人情報保護法2条3項）に該当しうると考えられます。個人情報保護委員会が公表している「個人情報保護法ガイドライン（通則編）」では、「病歴」の内容として、「病気に罹患した経歴を意味するもので、特定の病歴を示した部分（例：特定の個人ががんに罹患している、統合失調症を患っている等）が該当する」としていますが、特定の個人が性同一性障害である状態も病気に罹患した経歴として整理できると考えられるためです。性同一性障害は病気ではないという立場も考えられるところですが、特例法では性同一性障害を医師の診断によるものと定義し（2条）、同障害を「治療」の対象として位置付けています（3条）。また実際に性同一性障害の治療行為として性別適合手術が行われ、平成30年4月からは公的医療保険の対象としても取り扱われていること、そして何より類型的に高度な守秘性を有する身体情報について手厚い保護を与

152

えた個人情報保護法の立法趣旨を踏まえると、少なくても個人情報保護法においては性同一性障害が「病歴」に該当し、要配慮個人情報にあたると考えるのが自然であるように思われます。なお、性同一性障害という定義や用語法および分類の問題については、第1章で解説しているとおりであり、今後は医学上の位置付けも変容しうる可能性がありますが、個人情報保護法上の「病歴」概念と必ずしも連動するわけではなく、同法の解釈を検討するにあたって本質的な議論ではないと考えられます。

ではトランスジェンダーであることは「病歴」に該当するでしょうか。第1章での解説のとおり、トランスジェンダーは性同一性障害と同義ではなく、より広い範囲を包含する概念であり、疾病とは切り離されて考えているところ、単にトランスジェンダーであること自体は「病歴」には該当しないと考えられます。もっとも、トランスジェンダーのうち、性同一性障害に該当するか否かは当人の内心の状態にも大きく左右され、外部的に判別がつくものではないということには注意が必要です。

上記の点を踏まえると、少なくても潜在的な顧客としてトランスジェンダーに関する情報を本人の同意なく取得し、かかる情報に基づいて営業活動を行うことは、結果として個人情報保護法に反するおそれがあるため、差し控えるべきであると考えられます。

ウ 性的指向

では、性的指向はどうでしょうか。まず同性愛自体は現代の一般的な医学的基準に照らせば疾病とはされておらず、これが疾病に該当することをうかがわせるような法律上の根拠もないため、「病歴」には該当しないと考えられます。また上記ガイドラインでは「信条」とは「個人の基本的なものの見方、考え方を意味し、思想と信仰の双方を含むもの」とされ、社会的身分とは「ある個人に、その境遇として固着していて、一生の間、自らの力によって容易にそれから脱し得ないような地位を意味し、単なる職業的地位や学歴は含まない」とされています。ガイドライン上の定義を踏まえると、性的指向がこうした情報と近しい性質を有することは否定できませんが、「信条」

153

第 4 章　企業活動に伴う問題への対応

や「社会的身分」に該当すると考えることは、やはり文理解釈上無理があるように思われます。

　よって性的指向は「要配慮個人情報」そのものには該当しないと考えるのが妥当だとは思われますが、「要配慮個人情報」と同程度の重要性・要秘匿性をもつ情報であることは明らかであり、またこの点について確立した取扱いの指針等がないことを踏まえると、その収集・取得においては極めて慎重な態度が要求されると考えられます。

3　顧客層の絞り込みと開拓

　第 1 章で解説のとおり、LGBT というのはあくまで大きな分類に過ぎず、人の性的指向や性自認はさまざまです。たとえばトランスジェンダーと一口にいっても、MTF（身体的性別は男性であり、性自認は女性である人）、FTM（身体的性別は女性であり、性自認は男性である人）の違いは当然のこと、性同一性障害者もいればそうでない方もいれば、性別適合手術の有無およびその程度も人それぞれです。したがって安易に属性をカテゴライズした顧客層の絞り込みはビジネス上も思ったようにワークしない可能性が高いだけでなく、トラブルが発生する原因にもなります。

　同様に、販促活動・広告活動を行う際にもその表現や文言が社会的に妥当なものであるか、実態に即したものであるかという点を慎重に検討する必要があります。サービスの提供側が思い描く「典型的なゲイ・レズ像」や「一般的なトランスジェンダー像」は社会的な偏見に基づいたものであるかもしれず、限られた紙幅や時間の中で端的にターゲット層を表現しようとした結果、それが差別的表現として誤ったイメージを与えてしまうおそれもあります。LGBT に関する知識や理解を深めることもさることながら、通常の販促・広報活動以上に当事者目線を意識する必要があり、可能な限り LGBT 当事者の意見や感覚も参考にしながら顧客開拓を進めることが、結果としてサービス提供側のリスクを低減することにもつながるものと考えられます。

154

Q6　契約書のLGBT条項に関する留意点

Q6 契約書のLGBT条項に関する留意点

契約の相手方に対し、LGBTに関する差別的な態度を禁止する条項を規定する例があると耳にしましたが、具体的にはどのような規定を設ければよいでしょうか。また仮に相手方からそのような条項を提案された場合、受諾の可否にあたってどのような点に留意すればよいでしょうか。

1　はじめに

自然人のみならず法人であってもLGBTに対する不当な差別を行ってはいけないということは当然のことですが、従来これは専ら各企業がそれぞれ自律的に行うべき問題として取り扱われてきました。しかし、最近では契約上の義務として合意内容を形成する例が出ています。

2　東京都文京区における取組み

(1) 概　要

文京区では、平成29年10月1日より、区が行う公共事業において事業者と取り交わす標準契約書にLGBTへの差別を禁止する旨の条項を書き加える旨の報道がなされました。具体的には、契約書の標準約款ではなく、個別案件ごとに作成される仕様書において下記の文言を定型的に記載することで、区と事業者間の合意内容の一部を構成しているようです。

「本契約の履行に当たっては、文京区男女平等参画推進条例（平成25年9月条例第39号）第7条及び『性自認および性的指向に関する対応指針（平成29年3月14日28文総総第1311号）』を踏まえ、性別（性自認及び

155

第4章　企業活動に伴う問題への対応

> 性的指向を含む。）に起因する差別的な取扱いを行わないこと」。

また上記において参照されている「文京区男女平等参画推進条例」7条の規定内容は下記のとおりです。

> 「1.　何人も、配偶者からの暴力等、セクシュアル・ハラスメント、性別に起因する差別的な取扱い（性的指向又は性的自認に起因する差別的な取扱いを含む。）その他の性別に起因する人権侵害を行ってはならない。
>   2.　何人も、情報の流通に当たっては、前項に規定する性別に起因する人権侵害又は固定的な役割分担の意識を助長し、又は是認させる表現を用いないよう配慮しなければならない」。

(2)　普及状況

上記のような本旨債務とは直接の関係をもたない義務を課す典型的な例としては、反社会的勢力との関与を禁止する条項（いわゆる反社条項）があげられます。昨今の契約実務ではこのような反社条項はごく一般的に規定されており、とりわけ大企業や公的機関のような社会的信用性を重視する組織においては、当然規定すべき条項としてかかる条項の規定を相手方当事者に要求します。しかし、現在では当たり前となった反社条項も20年前は決して一般的な規定ではありませんでした。現時点においては、LGBT の差別を禁止する条項を導入する例は極めて珍しいものの、今後社会の関心がより高まる中で、こうした条項が現在の反社条項と同等の市民権を獲得していくことも十分に考えられます。

3　留意点

では仮にこのような差別の禁止に関する条項を契約書中に規定しようとした場合、どのような点に注意する必要があるでしょうか。

(1) 極力抽象性をなくすこと

まず反社条項と同様、このような規定は相互に義務を負う双務規定であることが一般的です。つまり、相手方に対して性差別の禁止を求めることを意図して規定した条項であっても、仮に自身がこれに違反すれば相手方のほうから債務不履行や解除を求められる危険性があります。もちろん、このような条項を志向する企業が自ら違反行為を行う可能性は低いものの、実際の企業紛争においては悪意をもった相手から半ば言いがかり的に抽象的な条項に対する違反を主張されることもあるため、この条項の存在をもって法的トラブルに巻き込まれないよう注意を払う必要があります。具体的には、可能な限り文言を明確にし、その趣旨や意味内容について疑義が生じないような規定とすることが重要です。上記の文京区の契約文言でも、「文京区男女平等参画推進条例」と「性自認および性的指向に関する対応指針（平成29年3月14日28文総総第1311号）」という2つの具体的な規範を引用することで、禁止事項である「性別（性自認及び性的指向を含む。）に起因する差別的な取扱い」の解釈に一定の指針を与えています。

(2) 努力義務化の検討

また、要件ではなく効果に工夫を行い、「〜するように努める。」というような努力義務として設計することも考えられます。努力義務とすることで自らの債務不履行や解除のトリガーとなる危険性は極めて小さくなる一方で、相手方への拘束力も弱まります。しかし、努力義務であっても性別に起因する差別に対する貴社の姿勢や態度は十分に表明されますし、この類の条項は相手方に対して厳格な法的義務を課すことよりも規範的な効用を期待して提案されることが多いことを踏まえると、努力義務でもその目的は十分に達しうるという見方もできそうです。

なお文京区の例では、性別に関する差別のほかにもさまざまな付随的な特則条項が規定されているところ、たとえば車両の使用に関しては「本契約の履行に当たってハイブリット車等の自動車を使用し、又は使用させる場合は、車両接近通報装置を備えた自動車を使用するよう努めること。」とされ

第4章　企業活動に伴う問題への対応

る例もあり、努力義務に留まるものとそうでないものを明確に区分していま
す。したがって、性別に起因する差別的な取扱いの禁止はより強い規制とし
て位置付けていることがわかります。

4　その他の契約条項

　上記ではLGBTに対する差別的取扱いを禁止する条項について説明しま
した。それでは、逆にLGBTに対する差別的取扱いを助長しかねない条項
を設けることはどうでしょうか。まずLGBTであることそれ自体に着目し
て何らかの禁止条項や不利益条項を設けることは、公序良俗（民法90条）に
反するものとして明確に無効になるものと考えられます。他方で、本章
Q3で取り扱ったような、性別に着目して制約をかける原則的な規範が所与
のものとして存在し、LGBTが当該規制対象の性別に該当するかどうかを
明示する目的で一定の条項を規定する場合はどうでしょうか。レディース・
マンションを例にとれば、契約書中において「男性」の立ち入り（招き入
れ）行為を禁止している場合、この「男性」に「戸籍上の男性のほか、外観
やその他の事情に照らし、生物学上の男性としての特徴を有する者と客観的
に認められる者を含む」ことを明示するような場合です。一見LGBTの利
益を制約し差別を助長するような文言にも思われますが、契約内容の適用対
象を明確化したものに過ぎず、このような記載は許容されるものと考えられ
ます。

　ちなみに、これはあくまでこのような規定をすること自体が違法・無効に
なる可能性は低いという意味であり、明文の有無を問わず、そのような取扱
いを行うことが適法かどうかについては別途慎重な判断が必要である点につ
いては留意する必要があります（詳細については本章Q1～Q4をそれぞれ参
照）。

Q7 キャラクタービジネス等に関する留意点

当社のキャラクターがLGBTに対する差別を助長するとして、抗議を受けました。法的に問題となるのでしょうか。

1 はじめに

近年では、テレビのバラエティ番組内のキャラクター、ご当地キャラクター、アニメ漫画のキャラクター、ゲーム内のキャラクターなど多種多様なキャラクターが生まれており、他のキャラクターとの差別化を図るためにさまざまな工夫がされているところです。そういったケースにおいて、キャラクター制作者の意図に反して、差別を助長する、適切ではないという抗議を受けることがあります。

LGBTに関連した抗議としては、①制作者があえて差別を助長する目的で制作した場合、②制作者の意図が差別を助長することを目的とするものではないとしてもLGBTであることを利用した場合、③制作者の意図がLGBTに関するものでなかったとしても異なる視点や捉え方によって差別を助長すると受け取られた場合などが考えられますが、その類型や程度は一様ではないと考えられます。

最近では、放送番組の中で、男性の同性愛者（ゲイ）を揶揄するようなキャラクターが登場し、一般的に同性愛者に対する蔑称とされる「ホモ」という言葉を用いるやりとりをするなどして、男性の同性愛者を嘲笑しているのではないかという抗議を受けたことが話題となりました。

現時点において、このようなケースが訴訟にまで発展しているケースは見あたりませんが、キャラクターがLGBTであることを揶揄しているとか、LGBTに対する差別を助長しているといった抗議を受けた場合の法律関係について、以下検討します。

第4章　企業活動に伴う問題への対応

2　制作したキャラクターが抗議を受けた場合

(1)　名誉毀損に基づく損害賠償請求

　LGBT が、創造物であるキャラクターが LGBT であることを揶揄している、または差別を助長しているとして、名誉毀損に基づく損害賠償請求をすることはできるのでしょうか。

　名誉毀損の保護法益は、「被害者の社会的評価」とされていますので、名誉毀損が民法709条の「権利・利益侵害」の要件を充足するためには、「被害者の社会的評価が低下したこと」で足りると考えられています（「不法行為の被侵害利益としての名誉とは、人がその品性、徳行、名声、信用等の人格的価値について社会から受ける客観的な評価、すなわち社会的名誉を指す」東京地判平17・2・24判タ1186号175頁）。

　もっとも、主観的な名誉感情の侵害だけではいまだ名誉毀損にはあたらないと考えられています（最二小判昭45・12・18民集24巻13号2151頁）。

　この点、制作したキャラクターやその言動によって、カミングアウトしていない当該 LGBT 個人の社会的評価が低下することは基本的にはないと考えられます。

　また、カミングアウトしていたとしても、直ちにキャラクターやその言動によって当該 LGBT 個人の具体的な社会的評価の低下につながるものではないと考えられます。

　したがって、名誉毀損を理由とする損害賠償請求は認められないと考えられます。

(2)　人格権に基づく損害賠償請求

　次に、名誉毀損に基づく損害賠償請求が認められないとしても、人格権に基づく損害賠償請求をすることはできるでしょうか。

　人格権のうちどのような利益をもって権利利益侵害があったと主張するかはなお検討の余地はありますが、この点はひとまずおくとして、特段の事情がない限り、制作したキャラクターやその言動によって、個々人の LGBT

の生き方や社会的な活動、あるいは性自認や性的指向に係る判断が制約されたり、特定の生き方等が強制されたりするということはないと考えられます。

すなわち、制作したキャラクターやその言動が、個々人の生活に影響を与えるような場合は少なく（極端な例でいえば、差別と暴力を煽動する強烈なメッセージにより行動が制約される場合や、一般通常人からしてそのキャラクターが特定個人を示唆しているような場合など）、おそらくこれに変わりはないと評価されるものであるから、内心の平穏の問題を別にすれば、そのような利益が侵害されたとは認められないことになると考えられます。

また、内心の平穏の問題についても、各人によってその内容、程度の差はあるというものの、憤り、不快感、虚脱感などさまざまな感情を抱くことは否定されないとしても、具体的な金銭をもって償う必要があるというまでの精神的な苦痛が生じたといえるかについては、相応に議論の余地があります。

すなわち、具体的な状況等にもよりますが、不特定多数の者が対象者となる場合には、個々人の権利、利益に対する影響は、それだけ希薄化されたものになるといわざるを得ないと判断された裁判例もあるところ（前掲東京地判平17・2・24）、自身の性的指向・性自認をカミングアウトしているLGBTは多くはなく、そのような内心の感情を客観的に把握することは困難と考えられるためです。

したがって、現実問題として、訴訟等において人格権に基づく損害賠償請求が認められるのはかなりのレアケースに限られるといわざるを得ません。

3　放送番組に登場したキャラクターが抗議を受けた場合

近時、放送番組において、上記1で述べたように、番組内のあるキャラクターが、一般的に同性愛者に対する蔑称とされる「ホモ」という言葉を用いるやりとりなどが、男性の同性愛者を嘲笑しているとして抗議を受けた事例

第4章　企業活動に伴う問題への対応

がありました。

　これは、制作者がLGBTであることを揶揄する意図をもって制作したものでなかったとしても、一般通常人から見て、男性同性愛者（ゲイ）であることを示唆したうえで、性別と外見をデフォルメし強調することで、笑いの要因としていたと受け取られうるものでした。なお、一般社団法人日本民間放送連盟の放送基準11章(77)には、「性的少数者を取り上げる場合は、その人権に十分に配慮する」と記載されていますので、放送事業者としては、何らかのテロップもなしに放送したことは人権に十分に配慮したとはいえないでしょう。

　結果として、本ケースにおいては、放送した放送事業者が多くの抗議を受け、「お詫び」という書面を番組トップページに掲載することになりました。

　放送は、公共財である電波を用いており、映像および音声によってさまざまな情報をダイレクトに伝えることができることから、他のメディアに比べて、受け手に与える影響も大きく、社会的影響力が強いと考えられていますが、おそらくそのような特殊性を踏まえても、なお、訴訟等において人格権に基づく損害賠償請求が認められるかという結論においては、上記2と同様と考えられます。

4　最後に

　以上のとおり、制作したキャラクターの言動がLGBTを揶揄するものであったり、LGBTに対する差別を助長するものであったりしたとしても、直ちに損賠償請求は認められないと考えられます。

　しかし、法的な賠償責任を負わないとしても、社会的耳目を集め、会社の社会的評価を下げることになりますので、十分に配慮することが求められることには留意が必要です。

162

Q8 シミュレーションゲームの設定等に関する留意点

当社が制作販売した恋愛シミュレーションゲームは、舞台設定を変えることなく、主人公の性別を選択したら、その主人公とは異なる性別のキャラクターを対象とする恋愛シミュレーションができるというものだったのですが、この度、異なる性別のみを恋愛対象とするゲームは、LGBTへの配慮を欠いたものではないか、というご意見をいただきました。どのように対処すればよいのでしょうか。

1 はじめに

これまで、恋愛シミュレーションゲームは、主人公を男性として女性のキャラクターと恋愛シミュレーションをするか、逆に主人公を女性として男性のキャラクターと恋愛シミュレーションをするというものが多かったと思われます。しかし、最近では、同性を恋愛対象とする恋愛シミュレーションゲームも発売されています。本問では、LGBTへの理解が広まっている現状において、恋愛感情が異性に対する感情であることを前提とする異性のみを恋愛対象とする商品の是非が問題となっています。

2 法的な問題点

恋愛シミュレーションゲームは私企業が販売する商品であるところ、当該商品の内容が公序良俗に反したり、販売方法が不公正な取引方法によるものであったりするなど特段の事情がない限り、当該商品が特定の性別を対象としていたり、主人公が異性を恋愛対象とする内容であったとしても、そのことをもって直ちに何らかの法律に違反するということはありません。

もっとも、ここでは、法律に反するかどうかという視点よりも、社会に対するメッセージや企業イメージが毀損するかどうか、という視点も重要とな

第 4 章　企業活動に伴う問題への対応

ります。

3　社会の反応

　法律に違反しないとしても、企業の対応次第では企業イメージを毀損するおそれがありますので、適切な対応が求められています。

　たとえば、あるゲーム会社のソフトについて、ある男性が、当該ソフトにて同性婚ができるようにならないかと要望したのに対し、当該会社が、社会的見解の表現や主張は意図していない（から仕様の変更はしない）と回答したところ、LGBT を否定したかのように受け取られ、批判されるということがありました。おそらく、当該会社は、LGBT に限らずどのような社会的見解であっても肯定も否定もしない、という中立の立場を表明したつもりだったと考えられますが、結果的に、一部で LGBT に対する理解のない企業として批判されてしまいました。なお、このことが理由となったのかは定かではありませんが、その後当該会社が発売したゲームには、同性婚が可能となっているものや性別を選択しない仕様となっているものがあります。

4　本件での対応

　それでは、本問ではどのように対応が望ましい対応といえたのでしょうか。

　考えうる対応としては、①仕様を変更して同性婚に対応する、②仕様は変更しないが次回作以降何らかの対応をすることとし、状況に応じてプレスリリースをする、といった対応が考えられます。

　いずれの対応をするとしても、LGBT に対する理解・認知度が高まってきている現在においては、状況を踏まえて柔軟な対応が求められています。プレスリリースを出すにあたっては、内容はもとより、LGBT の差別を助長すると受け取られるおそれのある文言や一般に認知されていないとしても蔑称と受け取られるおそれのある文言の使用は避けるなど細心の注意を払い、社会的に LGBT に対し理解がない企業であると解されるような言動は

164

Q8 シミュレーションゲームの設定等に関する留意点

厳に慎むべきと考えられます。そして、社会的に LGBT に対し理解のない企業であるとの批判を受けないためにも、日頃から、社員に対して LGBT に関する研修を行い、福利厚生制度を整備するなどの対策を講じておく必要があるといえます。

第 4 章　企業活動に伴う問題への対応

Q9 広告等での LGBT への蔑称と受け取られる表現の留意点

　当社では、事業の性質上、セクシュアリティに関連する広告を出す場合があります。

　最近、あるテレビ番組で、演出内容がゲイに対する差別ではないかということが問題となったケースもあり、当社でも広告を出す際には慎重に検討しなければならないと考えています。

　どういった点に留意しておけばよいのでしょうか。

1　LGBT への差別ととられかねない広告

　これまで、企業が自社の商品の宣伝等のために広告を出す際に、性的指向・性自認に関する配慮について検討を行っていた企業はそれほど多くなかったのではないかと思われます。

　その要因としては、セクシュアリティに関連する広告を出していなかったり、性的指向・性自認に対する差別的表現に関する認識も今ほど普及していなかったということがあげられます。

　しかし、服飾関係など、業種によっては、今後もセクシュアリティに関連する広告を出していく企業もあると考えられますし、また、必ずしも業種としてはセクシュアリティに関連する広告を出す必要はない企業であっても、意図せず性的指向・性自認に関する差別的な表現を伴う広告を出してしまい、そのことがトラブルに発展する可能性があることは否定できません。

　実際、ある外食チェーンを運営する企業が、キャンペーン動画の中で、バイセクシュアルであると公言している男性タレントが、罰ゲームとして、嫌がるほかの男性に対してキスをするという内容を含む動画を公開したことがありました。その結果、同性愛者など LGBT の人々にとって不適切な表現ではないか、といった疑問の声が Twitter 上にあがるなどの批判が寄せら

起たため、当該企業がかかるキャンペーン動画を削除すると発表する事態となった事例があります。

広告が企業の経済活動の一環として重要性を有していることも考慮すれば、企業は、性的指向・性自認等に関連する差別的な広告を出してしまうことにより、広告の目的とは真逆のリスク（レピュテーションリスク等）を負う可能性があるということについては、常に留意しておく必要があるといえます。

他方で、純粋な広告の事例ではありませんが、アメリカのニューヨークの地下鉄やバスのアナウンスが、伝統的な「レディース＆ジェントルマン」という呼びかけを廃止し、代わりに「ジェンダー・ニュートラル」な用語に置き換えられたとの報道もなされており、トラブルを回避するために先手を打った先進的な事例として参考になります。

2　広告における性的指向・性自認への配慮

LGBT（性的指向・性自認）という言葉およびその内容等については、行政からの啓蒙活動やマスメディアの報道などによって、ここ数年間で飛躍的に社会に浸透しつつあります。

したがって、企業がその経済活動の一環として行う広告においても、LGBT（性的指向・性自認）に関する差別的表現であるととられかねない広告を出してしまった場合は、当該企業に対し、強い非難が向けられ、法的トラブルに発展する可能性もあり得ます。

そして、そのような事態に陥ってしまった場合、「昔は問題とされなかった」「認識が甘かった」という企業側の弁解は通用しなくなってきています。

そこで、企業としては、セクシュアリティに関連する広告を出す場合などは、第3章Q2、Q3で取り上げられている性的指向・性自認に関連した不適切な表現等に該当していないかということは常に念頭に置いて広告内容を慎重に検討していく必要があるといえます。

1　置き換えた後のアナウンスでは、「お客様（passengers）」「乗客の方々（riders）」「皆さん（everyone）」といった用語が使用されているとのことである。

第4章　企業活動に伴う問題への対応

> **Q10** 入会時の性別確認の留意点
>
> 　当社は、スポーツクラブを運営していますが、入会時に性別確認を行っています。今まで、この性別確認において申告を求める性別は何かという点は、あまり議論はしたことはありません。しかし、当社のサービスにおいては、利用者の着替えや入浴といった行為を伴うことから、利用者間のトラブル等の防止の観点からしますと、戸籍上の性別（身体上の性別）を申告してもらうということが暗黙の前提となっていたと考えています。
> 　このように、入会時に性別確認を行うことは法的に問題となるのでしょうか。

1　企業における入会時の性別確認

　スポーツクラブなど、当該企業のサービスを受ける際に、着替えや入浴といった性別に応じた配慮をしなければならないサービスを提供している企業においては、入会時に性別確認が行われていると考えられます。

　そして、このようなケースで、どのような観点から性別確認が行われているのかという点については、これまであまり議論されてきていなかったと思われます。

　しかし、スポーツクラブのようなケースにおいては、そのサービスを提供するうえで、必然的に利用者の着替え等の行為が伴うことを考慮すれば、盗撮等の犯罪行為の防止、利用者間でのトラブル防止といった目的で、戸籍上の性別（身体上の性別）を申告することを求めているものと解されます。

2　入会時の性別確認の留意点

　このような入会時の性別確認の適法性については、特に、性自認に従った取扱いを求めるトランスジェンダーの障害となっている側面が否定できない

ものの、日本では、企業がさまざまなサービスを提供する際に、サービス利用者の性別を確認することが広く行われていること、また、スポーツクラブなどでは、前述のような、盗撮等の犯罪行為の防止といった目的から、戸籍上の性別（身体上の性別）を確認する相応の理由があるといえますので、少なくとも現時点においては、性別を確認すること自体が直ちに違法とされることはないと解されます。

　もっとも、企業がサービスを提供するうえで、戸籍上の性別（身体上の性別）を確認する必要性の強弱についてはさまざまであると思われます。

　この点、公的文書や身分証明書に関しては、たとえば、健康保険証について、第189回国会内閣委員会（平成27年5月15日）において、当時の厚生労働省大臣官房審議官が、「国民健康保険証について、被保険者証における性別の表記方法について、性同一性障害の方からの要望を踏まえ、平成24年9月に、被保険者からの申し出により、やむを得ない理由があると保険者が判断した場合については、戸籍上の性別を被保険者証の表面ではなく裏面に記載できることを示している。なお、この取り扱いについては健康保険などでも同様であり、現在、各保険者の判断で適切に対応しているものと考えている」旨の答弁が行われました。また、公的な身分証明書として利用されることが多い運転免許証には性別記載欄はありません。

　このように、現在は、公的文書等でも性別確認（性別表記）についてはトランスジェンダー等の配慮した対応を行う方向で検討がなされていますし、また、トランスジェンダーのアウティングにもつながる問題でもあることも認識しておく必要があるといえます。

　したがって、今後、企業としては、性別確認について上記問題点などを踏まえながら、なぜ性別を確認する必要があるのか、性別を確認する必要があるとしてもよりトランスジェンダーにも配慮した確認方法がないか、といったことも考慮して実施の要否・内容を再検討していくことが求められているといえます。

第5章
学校に関する問題への対応

Q1 LGBTの児童生徒が直面する問題

LGBTの児童生徒は、学校生活において、どのような問題に直面しているのでしょうか。

1 性別二元制、異性愛が前提の学校

学校では、性別二元制、異性愛が当然の前提とされています。

名簿、生徒手帳、学生証などには、性別の記載があります。男性用、女性用の制服、水着、体操服などがあり、席順やグループ分けも、男女の区別に基づき決められています。体育や性教育のように、男女別で行われる授業もありますし、部活も男女別に行われているものがあります。健康診断も、男女別です。

更衣室やトイレといった施設も、当然に、男女別に設けられています。

校則に、髪型に関する男女別の規定や男女交際に関する規定がある学校もあります。

また、授業の内容をみると、保健体育の教科書には、思春期になると、自然に異性への関心が高まることや異性に触れてみたいという性衝動が生じることが記載されています。家庭科では、男女で結婚して家庭を築き、女性が

第5章　学校に関する問題への対応

出産し、育児をするという価値観が基本とされています。

　このように、学校では、性別は男性と女性の2つであるとされていて、かつ、この性別は戸籍上の性別であることが当然の前提とされています。そして、男性はこうあるべき、女性はこうあるべきというジェンダーバイアスに基づき、男女によるさまざまな区別が実施されています。

　また、学校では、異性愛が前提とされていますので、同性愛やアセクシュアル（誰に対しても恋愛感情をもたない人）の存在は、言及されないばかりか、否定されることすらあります。

2　性別違和を抱える児童生徒が直面する問題

　学校では、性的二元制が前提とされ、児童生徒の性別が戸籍上の性別とされるため、戸籍上の性別と性自認が一致しない性同一性障害の児童生徒は、性自認とは異なる性別による取扱いを受けることになります。

　そのため、制服や髪型、トイレや着替え、健康診断、体育の授業、部活、宿泊行事、席順やクラスでの役割分担などで、精神的苦痛を抱えながらの生活を余儀なくされることになります。

　また、性自認が「男でも女でもない」「男でも女でもある」「中性である」「わからない」といったXジェンダーの児童生徒は、どちらかの性別を強要されることになり、精神的苦痛を抱えながらの生活を余儀なくされることになります。

3　同性愛、アセクシュアルの児童生徒が直面する問題

　学校では、異性愛が前提とされています。そのため、授業は、異性愛を前提に行われ、同性愛やアセクシュアルについては、一切習わないことになります。

　ただ、現実には、同性愛を異常なものと教えたり、否定的な情報を教えたりする、理解のない教員がいることも事実です。

そのため、同性愛の児童生徒は、自分が大勢の人たちと違うということだけではなく、異常な存在なのではないかと思い悩むことになり、自分らしい振る舞いができなくなったり、進路の選択を困難にしたりする場合があります。

4 偏見に基づくからかいやいじめ

宝塚大学看護学部日高庸晴教授により平成28年に実施されたLGBT当事者の意識調査「REACH Online 2016 for Sexual Minorities」によれば、回答者の約6割が学校生活（小・中・高校）において、いじめ被害を経験していることが明らかとなっています（意識調査の詳細については、本章Q4参照）。

実際にいじめにあっていなくても、自分がLGBTであることがばれてしまったり、他人に打ち明けることにより、いじめられるのではないかと、日々怯えている児童生徒もたくさんいると考えられます。そのような児童生徒は、自分を偽りながら、生きていくことを強いられています。

LGBTがいじめの対象となる背景には、LGBTに対する偏見・差別発言が、学校において、まかり通っているということがあげられます。

たとえば、ふざけていた男子生徒たちを注意する際に、教員が「男同士で仲良くしていて、お前らはホモか」と発言し、クラス中が笑う、「オネエみたいな話し方だね」「おかまっぽい」「ひょっとしてあっち系なの？」といった発言など、学校内でこのような偏見・差別発言が行われた際に、これらの発言がそのまま黙認されると、児童生徒は、このような発言は言ってもよいことであると学習してしまい、LGBTに対する偏見・差別が根付いてしまいます。

このように、発言者にとっては、単なる冗談のつもりであり、特定の誰かを意図した発言でなかったとしても、LGBTの児童生徒の心を深く傷付けてしまっていることがあります。

第5章　学校に関する問題への対応

5　LGBTの児童生徒の生きづらさ

　平成29年7月25日に閣議決定された「自殺総合対策大綱」第4　4.(4)では、「自殺念慮の割合等が高いことが指摘されている性的マイノリティについて、無理解や偏見等がその背景にある社会的要因の一つであると捉えて、教職員の理解を促進する」とされています。

　たとえば、性別違和を抱える子どもの生きづらさについては、性別違和そのものが生きづらさをうみ、「自分は変だ」というネガティブメッセージが自分自身に向けられ、差別や偏見に苦しむことで、「おまえは変だ」というネガティブメッセージを他人から受け取り、生活上のハードル（学校生活での不都合）などにより、我慢しなくてはならない状況、ばれてはならないという緊張状態により、自尊心が著しく低下し、孤独を強いられ、不登校や精神的合併症、ひいては自傷や自殺へつながるとの指摘がされています（荘島幸子「学校における性的マイノリティに対する支援」人間と教育88号77頁）。

6　学校や教員の役割

　LGBTの児童生徒にとって、学校が苦痛の場となることもありますが、逆に、学校の友達、教員、学校に救われたという児童生徒たちもいます。

　LGBTの児童生徒の中には、親に心配をかけたくない、親に嫌われたくないという気持ちから、親や家族には自分のセクシュアリティを打ち明けられずに悩んでいる児童生徒もいます。

　親には相談できなかったけれど、信頼している担任の先生や養護教員には自分の悩みを打ち明けられた、理解してもらえて救われたという児童生徒も存在するため、教員や学校としては、児童生徒の身近な理解者、安心できる場所ともなれる存在であることを認識しておくことが必要です。

174

Q2 性同一性障害の児童生徒に対する特有の支援

性同一性障害の生徒から、制服やトイレ、体育の授業について配慮してほしいとの相談がありました。性同一性障害の児童生徒に対する支援について教えてください。

1 文部科学省の通知など

学校における性同一性障害に係る児童生徒への支援についての社会的関心が高まり、その対応が求められるようになってきた中、文部科学省は、平成26年に全国の学校における対応の状況の調査を実施し、平成27年4月30日に、「性同一性障害に係る児童生徒に対するきめ細かな対応の実施等について」（27文科初児生第3号）（以下、「児童生徒課長通知」といいます）を通知しました。

そして、教職員の理解を促進することを目的とし、教職員向けの周知資料として、平成28年4月1日には、「性同一性障害や性的指向・性自認に係る、児童生徒に対するきめ細かな対応等の実施について（教職員向け）」を作成し、公表しました。

2 支援の内容

児童生徒課長通知にあげられている支援の内容の概要は次のとおりです。
① 学校における支援体制
　㋐　最初に相談を受けた者だけで抱え込むことなく、組織的に取り組むことが重要であり、学校内外に「サポートチーム」を作り、「支援委員会」（校内）やケース会議（校外）等を適時開催しながら対応を進めること。
　㋑　教職員等の間における情報共有にあたっては、当事者である児童生

第 5 章　学校に関する問題への対応

徒やその保護者に対し、情報を共有する意図を十分に説明・相談し、
理解を得つつ、対応を進めること。

② 医療機関との連携

㋐ 学校が支援を行うにあたっては、医療機関と連携しつつ進めること
が重要であること。

㋑ 専門医や専門的な医療機関については、関連学会等の提供する情報
を参考とすることも考えられること。

㋒ 医療機関との連携にあたっては、当事者である児童生徒や保護者の
意向を踏まえることが原則であるが、当事者である児童生徒や保護者
の同意が得られない場合、具体的な個人情報に関連しない範囲で一般
的な助言を受けることは考えられること。

③ 学校生活各場面での支援

㋐ 性同一性障害に係る児童生徒への配慮と、他の児童生徒への配慮と
の均衡をとりながら支援を進めることが重要であること。

㋑ 学校として先入観をもたず、その時々の児童生徒の状況等に応じた
支援を行うことが必要であること。

㋒ 他の児童生徒や保護者との情報の共有は、当事者である児童生徒や
保護者の意向等を踏まえ、個別の事情に応じて進める必要があるこ
と。

㋓ 医療機関により性同一性障害の診断がなされない場合であっても、
児童生徒や保護者の意向等を踏まえつつ、支援を行うことは可能であ
ること。

㋔ 支援の具体例

実際の支援の内容は、対象となる児童生徒の状況や希望により異
なってきますが、支援の具体例としては、〔表〕のようなものが紹介
されています。

④ 卒業証明書等

戸籍を確認したうえで、当該者が不利益を被らないよう適切に対応す

Q2　性同一性障害の児童生徒に対する特有の支援

〔表〕　支援の具体例

項　　目	学校における支援の事例
服　　装	自認する性別の制服・衣服や、体操着の着用を認める
髪　　型	標準より長い髪型を一定の範囲で認める（戸籍上男性）
更 衣 室	保健室・多目的トイレ等の利用を認める
ト イ レ	職員トイレ・多目的トイレの利用を認める
呼称の工夫	校内文書（通知表を含む）を児童生徒が希望する呼称で記す 自認する性別として名簿上扱う
授　　業	体育または保健体育において別メニューを設定する
水　　泳	上半身が隠れる水着の着用を認める（戸籍上男性） 補習として別日に実施、またはレポート提出で代替する
運動部の活動	自認する性別に係る活動への参加を認める
修学旅行等	１人部屋の使用を認める 入浴時間をずらす

※児童生徒課長通知の別紙より

ること。

⑤　当事者である児童生徒の保護者との関係

　　保護者が、その子どもの性同一性に関する悩みや不安等を受容している場合には、学校と保護者が緊密に連携しながら支援を進めることが必要であること。受容していない場合には、保護者と十分話合い可能な支援を行っていくことが考えられること。

⑥　教育委員会等による支援

　㋐　教職員の資質向上の取組みとして、研修等の活用が考えられ、学校の管理職についても研修等を通じ適切な理解を進めること。

　㋑　教育委員会として、「サポートチーム」の設置等の適切な助言等を行っていくこと。

⑦　その他留意点

　　以上の内容は、画一的な対応を求める趣旨ではなく、個別の事例にお

177

第 5 章　学校に関する問題への対応

ける学校や家庭の状況等に応じた取組みを進める必要があること。

3　その他の支援

　上記支援のほかにも、進学時の支援の継続、スポーツ大会への参加、企業と連携したキャリア支援など、依然として取り組むべき課題は多く存在しているとされています（中塚幹也「学校における『性的マイノリティ』への支援」教職研修2015年 8 月号30頁〜31頁）。

　また、支援の中で、学年保護者会を開催し、当該児童の保護者や校長から、他の児童の保護者らに対して、説明やお願いをした事例もあります（大久保俊輝「校長として『性的マイノリティ』の子どもにどう対応したか」教職研修2015年 8 月号32頁〜33頁）。

4　支援における留意点

　性別違和は、個人によって、その強弱の程度は異なります。また、個人の中でも、成長の程度や状況の変化により、性別違和の強弱は変動します。そのため、たとえば、制服を着ることについて、嫌だけれども我慢できるという児童生徒もいれば、死ぬほど嫌だという児童生徒もいます。もし、性同一性障害と診断されていたとしても、個別性が強いため、画一的な対応ではなく、個別具体的な対応が必要となります。

　そのため、性別違和のある児童生徒がいる、性同一障害の児童生徒がいるからといって、上記支援例のすべてを一律に即対応しなければならないものではありません。当該児童生徒が学校生活において感じている不都合や生きづらさを確認することから支援は始まります。

　また、当該児童生徒の情報を誰とどこまで共有するかは大変難しい問題です。当該児童生徒は、アウティングに怯えていますし、カミングアウトするかどうかは、個人の自由です。学校側としては、教職員、他の児童生徒や他の保護者、医療機関等と情報を共有できた方が支援もしやすいですが、学校側の管理の都合で、安易にカミングアウトを求めるべきではありません。

Q3 LGBTの児童生徒から相談を受けた場合の留意点

クラスの生徒から、性別違和感があるとの相談を受けました。私以外の教職員と情報共有してよいものでしょうか。また、相談に応じるうえでの留意点があったら、教えてください。

1　否定しないで話を聞くこと

　LGBTに対する差別や偏見により、LGBTの児童生徒は、他人に自分のセクシュアリティを知られてしまうことに大きな不安を抱いています。勇気を出して、相談をしてくれたことをきちんと受け止めてあげることが必要です。

　そのためには、まずはきちんと話を聞くことが大切です。話を聞く際には、本人の話し方が要領を得ていなかったとしても、聞き手としては疑問に思うことがたくさんあったとしても、まずは本人の言いたいことを、否定しないで、最後まで聞いてあげる姿勢が大切です。

　この人は、自分の話をきちんと聞いてくれる、相談してよい人だった、その安心感と信頼感が重要です。

2　決めつけないこと

　セクシュアリティは、多様です。いわゆるLGBT以外のセクシュアルマイノリティの方も大勢います。

　性別違和にも程度の強弱があります。指定された制服を着ることが死んでも嫌だという児童生徒もいれば、制服は我慢できるという児童生徒もいます。また、MTF（身体的には男性であるが性自認が女性であるトランスジェンダー）だからといって、「女性らしさ」を求めているとは限りません。MTFだからといって、女性らしいとされている格好をすることを望んでいるとは

179

限りません。

　さらに、二次性徴が始まるより前の年齢で性別違和感をもつ子どものうちには、最終的には同性愛であることがわかる場合や、性別違和感が軽くなったり、消滅したりする場合もあることが知られていて、最終的に性同一性障害と診断されるのは1～2割と考えられています（中塚幹也「性的マイノリティと学校教育」教育と医学2015年10月号58頁）。このように、児童生徒の成長に伴い、セクシュアリティが変化していくこともあります。

　そこで、相談を受けた際には、児童生徒をこうだとあてはめたり、決めつけたりせず、児童生徒のありのままを受け止めることが大切です。

3　何に困っているのか、どうしてほしいのかを聞くこと

　困っていることやその程度は、児童生徒にとってさまざまです。この場合には、こう対応すればよいというマニュアルはなく、個性に応じた対応が必要です。

　また、そもそも、相談をしてきた児童生徒が、何か支援をしてほしいと求めているとは限りません。自分のことを知ってほしい、話を聞いてほしかっただけという場合もあります。

　支援の内容によっては、第三者に、その児童生徒がLGBTであることがわかってしまう場合もあります。本人が望んでいないにもかかわらず、対応をしてしまったことで、本人が傷付くこともあるのです。本人の意思をしっかりと確認し、何を必要としているのかを把握することが大切です。

4　他の人に話してよいかを確認すること

　他人のセクシュアリティにかかわる情報を本人の了解なく勝手に拡散することを「アウティング」といいます。学校にも、LGBTに対する差別や偏見がありますので、相談をした児童生徒は、アウティングには常に不安を抱いています。

児童生徒への支援を行うにあたっては、相談を受けた教職員が1人で抱え込むのではなく、組織的に取り組むことが重要とされています（児童生徒課長通知）。もっとも、児童生徒本人の意思を無視して、勝手に情報を共有することはアウティングとなり、児童生徒を深く傷付けてしまいます。

学級担任、学年主任、管理職、養護教諭、他の教職員、スクールカウンセラー、教育委員会、クラスメイトなど、誰に、どのタイミングで、どこまで、何を伝えてよいのかを本人と相談し、本人の了解を得ることが必要です。

また、親には嫌われたくない、親に心配をかけたくないと、親に秘密にしている児童生徒もいます。大切な家族だからこそ、話ができないと考えていることもあります。したがって、児童生徒の保護者だからといって、勝手に話をしてはいけません。学校が対応する際に、保護者との連携が必要となった場合には、児童生徒本人と相談し、了解を得たうえで、保護者と情報共有をすることが必要です。

いかなる性的指向も、病気ではありません。そのため、医療機関等との連携は必ずしも必要ではありません。しかし、本人が受診を望んでいたり、セクシュアリティの問題からくる苦痛により、精神的な問題が生じていたりする場合には、スクールカウンセラーやしかるべき医療機関等との情報共有が必要となります。

情報共有ができないと、支援のしようがないこともあります。そのような場合には、具体的にどのような支援が考えられるのか、そのためには、誰とどのような情報を共有しなくてはならないのか、逆に、情報の共有ができないのであればできない支援があることも、本人にきちんと伝えて、本人と相談をすることが必要です。

なお、カミングアウトするかどうかは、個人の自由です。学校側としては、教職員、他の児童生徒や他の保護者、医療機関等と情報を共有できた方が支援もしやすいですが、カミングアウトにはメリットもあれば、デメリットもあります。学校側の管理の都合で、安易にカミングアウトを求めるべき

第 5 章　学校に関する問題への対応

ではありません。

5　相談しやすい先生、環境作り

　相談での対応も非常に大切ですが、「この人には相談できる」と思える先生が 1 人でもいることが、LGBT の子どもが明日も学校へ通えることにつながります（薬師実芳「LGBT の子どもが過ごしやすい学校とは」教職研修2015年 8 月号22頁・23頁）。

　相談しやすい先生の 6 か条としては、①話を聞いてくれる先生、②多様性への理解の深い先生、③ LGBT を笑いの対象にしない先生、④「異性愛者だけじゃない」ことを知っている先生、⑤多様性への理解が深い先生、⑥「LGBT を知っている」ことを伝えてくれる先生があげられています（薬師・前掲）。⑥については、たとえば、LGBT を取り上げたニュースについて話をする、学級通信等に書く、図書室や保健室等に LGBT の書籍を置く、レインボーフラッグを掲示したりするなど、LGBT に肯定的なメッセージを発信する先生には、安心して相談しやすいとされています（薬師・前掲）。

　また、学校としては、相談ができる環境作りをすることも大切とされており、全教職員対象の研修や保護者学習会の実施、ポスターや学校便りなどで、相談を真摯に対応するというアピール、相談窓口となる教職員の紹介、全校児童生徒の「性の多様性」についての学習機会の確保などが考えられています（渡辺大輔「関係者でどう情報を共有するか」教職研修2015年 8 月号25頁）。

Q4　性自認や性的指向を理由とするいじめの現状と留意点

Q4 性自認や性的指向を するいじめの現状と留意点

クラスで、「おかま」「おとこおんな」といじめられている児童がいます。学校としてどのように対応すればよいでしょうか。また、性自認や性的指向を理由とするいじめの現状について教えてください。

1　いじめの実態

　宝塚大学看護学部日高庸晴教授により平成28年に実施されたLGBT当事者の意識調査「REACH Online 2016 for Sexual Minorities」によれば、回答者1万5064人の約6割が学校生活（小・中・高校）において、いじめ被害を経験していることが明らかとなっています。

　そして、いじめ被害の内容については、「ホモ・おかま・おとこおんな」などの言葉によるいじめの被害や服を脱がされるいじめの被害が回答されています。

　また、先生がいじめの解決に役立ったか、については、「役立った」は全体の13.6％であり、年代別では、10代が19.9％でしたが、年代が高くなるごとに減っていき、50歳以上では6.8％という結果となっています。

　さらに、学校教育で同性愛についての知識を習ったかどうかについては、全体の約7割が「習っていない」と回答し、他方で、10代の回答者のうち、25.9％が「異常なものとして習った」または「否定的な情報を得た」と回答しています。

　また、国際人権団体ヒューマン・ライツ・ウォッチが平成27年に実査した調査についての報告書「出る杭は打たれる：日本の学校におけるLGBT生徒へのいじめと排除」でも、調査した25歳未満のLGBT当事者458人のうち、86％が、教師や児童生徒がLGBTに対する暴言や否定的な言葉、冗談（「ホモネタ」など）を言うのを聞いたことがあると回答しています。なお、

183

第5章　学校に関する問題への対応

上記LGBTに対する暴言等の発言者については、「生徒が言っていた」が77%、「教師が言うのを聞いた」が29%となっています。

　そして、教師がこれらの暴言を目撃したり聞いたりしても、「特に反応せず」が60%、「教師も生徒に加わる暴言を吐いた」が18%となっています。

　加えて、同報告書では「いじめ対策や教員研修が不十分。悪意に満ちた言葉が子供を自己嫌悪や自傷に追いこんでいる」との指摘がなされ、同団体は、教員研修の義務化などを政府に求めています。

　このように、学校においては、LGBTの児童生徒は、周囲の児童生徒からいじめられるだけではなく、教師からも被害を受けており、さらに、いじめの解決において教師が十分にその役割を果たせていないという実態が浮き彫りにされています。

2　性的指向・性自認を理由とするいじめ問題の留意点

　いじめ問題が大きな社会問題となり、平成25年には、「いじめ防止対策推進法」が制定されました。また、同年には、文部科学大臣決定によって、「いじめの防止等のための基本的な方針」（以下、「基本方針」といいます）が策定され、国、自治体、教育現場等のいじめへの取組みの方針が示されました。

　基本方針においては、いじめがあることが確認された場合、学校は直ちに、いじめを受けた児童生徒やいじめを知らせてきた児童生徒の安全を確保し、いじめたとされる児童生徒に対して事情を確認したうえで適切に指導する等、組織的な対応を行うことが必要であるとされています。また、家庭や教育委員会への連絡・相談や、事案に応じ、関係機関との連携が必要ともされています。

　確かに、このような対応は、性的指向・性自認を理由とするいじめ問題に取り組む際にも必要なことではあります。

　しかし、いじめの被害を受けた児童生徒がLGBTである場合には、他の

いじめ以上に、被害を受けた児童生徒の意向確認と秘密厳守が重要となります。

　なぜなら、性的指向や性自認を理由とするいじめを受けていると相談することは、その児童生徒にとっては、自らの性的指向や性自認を教職員にカミングアウトすることを意味するからです。

　そのため、いじめられている児童生徒が、いじめを相談したことでさらに傷付くことがないように、児童生徒の心情等に配慮した、きめ細やかな対応が必要となります。

3　意向確認と秘密厳守

　基本方針では、いじめに対する措置として、基本的な考え方において、「発見・通報を受けた場合には、特定の教職員で抱え込まず、速やかに組織的に対応する」とされています。また、いじめへの対応として、「速やかに関係児童生徒から事情を聴き取るなどして、いじめの事実の有無の確認を行う」ことや「被害・加害児童生徒の保護者に連絡する」とされています。

　確かに、いじめ問題に対応するためには、組織的な対応や保護者への連絡が必要です。

　しかし、LGBTの児童生徒の中には、自分がLGBTであることを同じ学校の児童生徒に知らせていないばかりか、自らの保護者にも知らせていない場合があります。また、相談を受けた教職員以外の教職員には知られたくないと考えている児童生徒もいます。

　その背景には、他人が自分のことを理解したり、受け入れたりしてくれないのではないかという児童生徒の不安があるのです。

　したがって、他の教職員、学校、家庭、関係機関との連携を考えるにあたっては、誰に対して、どこまで性自認等の情報を明らかにしてよいのかを、当該児童生徒に必ず意向を確認すること、そして秘密を厳守することが重要となります。

　もし、当該児童生徒の意向に反して、情報が明らかにされてしまったり、

185

第 5 章　学校に関する問題への対応

自ら明らかにする準備が整っていない児童生徒に対して、一方的な調査や確認が行われたりすれば、当該児童生徒の尊厳を傷付けるとともに、教職員や学校への信頼が失われ、今後の対応が困難となる可能性があります。

また、児童生徒の年齢、成長の程度によっては、児童生徒自身が、自らがLGBTであるかどうかをまだ明確に自覚できていない場合もあります。性別に関する違和感については、強弱があり、成長に伴い減ずることも含め、変容があり得るとされています。そのため、意向確認においては、児童生徒自身が性的指向や性自認を明確に自覚できていない場合があることも念頭に置いて、教職員が一方的にLGBTであると決めつけるのではなく、あくまでも児童生徒の目線で対応する必要があります。

4　教職員の正しい理解

上記報告書にもあるように、教職員の不適切な認識や言動が、児童生徒を傷付けたり、他の児童生徒によるいじめを助長したりしてしまうことがあります。教職員の指導のあり方には最新の注意を払う必要がありますが、その前提として、LGBTに対する正しい理解を深めることが必要です。

そのため、平成29年3月14日の改定により、基本方針の別添2「学校における『いじめの防止』『早期発見』『いじめに対する措置』のポイント」に、「性同一性障害や性的指向・性自認に係る児童生徒に対するいじめを防止するため、性同一性障害や性的指向・性自認について、教職員への正しい理解の促進や、学校として必要な対応について周知する」との一文が加えられました。

どのようにして教職員への正しい理解の促進を図るかについてですが、学校単位で研修等を行うだけでなく、自治体によっては、教育委員会が主催する教員研修において、LGBTについての研修を実施している自治体があります。

講師については、講師派遣を行っている当事者団体がありますし、LGBTと教育に関して研究している研究者もいます。弁護士会でLGBTについて

186

の講師派遣を行っているところもあります。

また、平成27年4月30日には、文部科学省から、「児童生徒課長通知」が通知され、平成28年には、同通知についての教職員向けのパンフレットが発行されました。このパンフレットには、LGBTの児童生徒に対する支援の実例も記載されています。

いじめの相談があった児童生徒については、いじめに対する対応をするだけでなく、日々の学校生活におけるその他の問題も解決していく必要がありますので、同パンフレットにある支援の実例は大変参考になります。

5　他の児童生徒や保護者の正しい理解

平成29年の小中学校学習指導要領等の改訂の議論においては、セクシュアルマイノリティについて規定し、保健体育の「異性への関心」を削除すべきという意見もありましたが、議論の結果、「異性への関心」が残り、セクシュアルマイノリティについての規定は見送られました。

LGBTに関する学習については、LGBTに対する誤った理解や偏見がいじめを招いたり、助長したりしてしまっていることから、いじめ防止やいじめ対策の観点から、LGBTに関する学習を行うことは有用であると考えられます。その際には、単にLGBTについて取り上げるのではなく、LGBTを含めた性の多様性について学習すべきと考えられています（後掲本章Q5参照）

また、児童生徒は保護者の影響を大きく受けますので、保護者に対する研修等も有用です。保護者を対象とした研修等を行うことで、家庭からLGBTに対する理解を広めることも、いじめ防止やいじめ対策の1つとして考えることができます。

第5章 学校に関する問題への対応

> **Q5** 学校が取り組むべきこと
>
> 本学は、LGBT児童生徒の存在を把握してはいませんが、存在を把握して、積極的に対応をしていきたいと考えています。そのためには、相談をしてもらえるように、本学の体制を整えたいと考えていますし、その一環として、LGBTについての授業や研修を検討しています。留意点や他に取り組むべきことがあれば、教えてください。

1　LGBT捜しをすべきではないこと

　LGBTに対する差別や偏見があることから、LGBTの児童生徒は、他人に自分のセクシュアリティを知られてしまうことに不安を抱いています。本来、セクシュアリティは、個人のプライバシーとして守られるべきものです。カミングアウトすべきかどうかは、個人の自由です。

　したがって、学校としては、LGBTの児童生徒を捜して、本人の秘密を暴くような対応は避けなくてはなりません。

　学校が把握すべきなのは、LGBTの児童生徒の存在それ自体ではなく、LGBTの児童生徒にとって、課題となりやすい心理的・社会的要因を把握して、支持的な環境を形成することであるとされています（加藤慶「学校は『性的マイノリティ』の存在をどう把握できるのか」教職研修2015年8月号20頁）。

　このような支持的な環境を形成することにより、LGBTの児童生徒が相談をしたり、助けを求めたりしやすくなり、結果的に、当事者を把握することができる可能性が高まります。

2　基本的な考え方

　学校が存在を把握していなかったとしても、LGBTの児童生徒は必ず存在しています。学校としては、LGBTの児童生徒が存在していることを前提に、学校全体で、セクシュアルマイノリティに関する啓発を行うこと、教

Q5　学校が取り組むべきこと

職員がそのような意識をもつことが必要です。

　また、日頃の学校生活においても、LGBT の児童生徒が存在していることを前提にしていれば、LGBT の児童生徒を傷付けることが少なくなります。たとえば、教室内で、ホモネタ、オカマネタで盛り上がっているのを見かけたとき、教員は、そのような発言を放置してはならないといえます。そのような言動で傷付く人がいることを伝えることは、LGBT の児童生徒にとっても、そうでない児童生徒にとっても、大変重要です。制度作りをすることだけが、LGBT の児童生徒に対する支援ではありません。LGBT についての話をタブーにせずに、偏見や差別的発言を放置しないことも重要です。

3　性の多様性についての学習

　LGBT 教育の必要性については、広く認識されるようになりましたが、その教育方法については、さまざまな考え方があります。学習指導要領の改訂においても議論がなされ、LGBT 教育について学習指導要領に盛り込むなどして統一的に指導すべきという意見もありましたが、個別の相談により対応すべきとの意見も強く、平成29年3月の改訂では、学習指導要領に盛り込むことは見送られました。

　もっとも、LGBT 教育については、人権教育、道徳教育、保健体育などの授業の一環として取り組むことができます。

　その学習の際に、留意すべきなのは、「セクシュアルマイノリティ」という限られた人たちの問題として学習するのではなく、異性愛者やシスジェンダー（性自認と生物学的性別に違和感のない人）といったマジョリティをも含めた「性の多様性」を学習することです。LGBT を知り、理解することだけでは十分ではありません。いわゆる男はこうあるべき、女はこうあるべきというジェンダーバイアスに対する疑問、セクシュアリティは個性であり、多様であるということ、セクシュアリティは他人の問題ではなく、自分の問題でもあることなどを学習したうえで、LGBT の児童生徒を含めた全員が生活しやすい学校、社会をどうやって作っていくかを考えることが重要で

第5章　学校に関する問題への対応

す。

　そのためには、教える側の教職員に対する研修も必要です。また、教職員だけでなく保護者に対する研修を行っている学校もあります。

　児童生徒、教職員および保護者に対するLGBTに関する授業や研修は、性の多様性等に関する正確な理解が必要とされるため、LGBT当事者の団体や弁護士会などから講師の派遣を受けたり、教材を提供してもらうということも積極的に検討することが肝要です。

4　肯定的なメッセージを送ること

　LGBTの児童生徒に、学校がLGBTの存在を前提とする配慮をしていることや先生が肯定的なメッセージを送っていることが伝われば、困ったときに相談してくれる可能性が高まります。

　そのための工夫としては、教職員や保護者に対する研修を行い、そのことを児童生徒にもわかるように学校便りなどで伝えること、相談窓口を設けアナウンスをすること、保健室や廊下の掲示板等に、性の多様性やセクシュアリティに関するポスターや新聞記事などを掲示すること、保健室、図書室、学級文庫などに、性の多様性に関する書籍を置くことなどが考えられます。

　しかし、掲示されたポスターを見たり、書籍を読んだりしたことで、かえってからかいが行われるようなこともあるようです。そのため、書籍の置き場所は教職員が絶えず目の届く範囲に限定するなど、工夫をしている学校もあるようです。

　また、LGBTの児童生徒だけに伝わるメッセージの伝え方をするという工夫もあります。ある中学校では、保健室に、レインボーフラッグを掲示していますが、生徒たちにはあえて、その意味は何も説明していないそうです。LGBTでない生徒にとっては、ただの虹色の飾りですが、LGBTの生徒には、自分の存在を認めてくれている人がいることが伝わります。こういった、必要な人にだけ伝わる伝え方もあることは認識しておく必要があります。

Q6 偏見、差別意識がある保護者への対応

本学には、ゲイであることをカミングアウトしている生徒がいるのですが、あるクラスの生徒の保護者から、ゲイである生徒と自分の子どもを別のクラスにしてほしいとの要望がありました。本学としては、当該保護者にどのように対応すればよいのでしょうか。

1 偏見や差別意識を肯定すべきではないこと

日本では、まだまだLGBTに対する理解が進んでおらず、偏見や差別意識をもつ人がいることは事実です。

しかし、LGBTであることは、病気でもなければ、他人から否定されるべきことでもなく、人間としての個性の1つです。

したがって、このような偏見や差別意識に基づく要望については、これに応じなくてはならない法的義務はないため、学校としては、毅然とした態度で拒否しても問題はありません。

2 保護者対応の基本

不合理な主張を繰り返す保護者の存在は、「モンスター・ペアレント」として社会問題となり、教育行政でも、保護者のクレーム対応についてのマニュアルが作成されたり、研修が行われたりするようになりました。

社会人として、日々合理的思考に基づいて仕事をしている人たちが、保護者としては、一転、「不合理な主張」を行う保護者になってしまうことについては、保護者にとっては掛け替えのない「子ども」という存在が、合理的思考を時に歪ませてしまうとの指摘がなされています（神内聡『学校内弁護士――学校現場のための教育紛争対策ガイドブック』169頁）。

191

第5章　学校に関する問題への対応

　しかし、いくら子どものためとはいえ、保護者のクレームすべてに応えなければならないものではありません。

　保護者対応の基本原則は、クレーム内容に合理性があるかどうかを検討し、合理性のない主張に対しては、毅然とした対応を示すこと、合理的な主張で対応することが肝要です（神内・前掲）。

　ゲイの生徒に対する差別意識や偏見に基づくクレームには、合理性はないため、そのようなクレームに応じる必要はありません。

3　検討すべきこと

　法的には上記のようにいえるとしても、LGBT に対する偏見をもつ保護者がいるということは、学校としては、無視し得ない問題ともなり得ます。

　たとえば、ゲイの生徒と当該保護者の子どもが同じクラスになることで、クラスの保護者会等で、当該保護者がトラブルを起こしてしまう可能性が高いような場合には、無用なトラブルを防止するために、クラスを別にするという考え方もあります。また、当該保護者の子どもも、当該保護者と同様に、差別意識や偏見をもっている場合には、いじめを防ぐ観点から、クラスを別にすべきという現実的な配慮が必要なこともあるでしょう。

　さらに、当該保護者のクレームの背景に、自分の子どももゲイなのではないか、影響を受けないようにさせたいといった考えがあるような場合には、当該保護者の子どものためにも、保護者による理解を促すために、保護者に対する研修を行ったり、学校便りなどでLGBT について取り上げたりするといった対応をとることも考えられます。

　不合理なクレームに応じる必要はありませんが、不合理なクレームにより、対応が必要な問題が明るみになり、無用なトラブル回避のため、現実的な対応をとらざるを得ないこともあります。

事項索引

【あ】

アイデンティティ　12

アウティング　30, 72, 83, 127, 169

アセクシュアル　14

アメリカ精神医学会　15

アライ　127

安全配慮義務　112, 113, 119

遺言　36, 54, 58

遺言の撤回　54

慰謝料請求　39

遺族年金（基礎・厚生）　57

遺留分　36, 59

遺留分侵害額請求　59

医療機関　40

医療行為への同意（権）　49, 58

インターセックス　111

エイジェンダー　14

FTM　14

MTF　14

LGBT　13, 27

LGBT 当事者の意識調査　173, 183

LGBT の権利保障　22

LGBT 法連合会　19

X ジェンダー　14

【か】

株式会社 LGBT 総合研究所　17

株式会社電通　17

カミングアウト　64, 69, 70, 71, 72, 79, 82, 83, 88, 92, 96, 97, 99, 100, 107

患者の同意　49

企業行動基準　25

企業平等指数（CEI）　24

キャラクター　159

協議離縁　54

共有財産　52

共有財産の清算　51

共有物分割請求訴訟　52

緊急時連絡先カード　43

クエスチョニング　14

国立市女性と男性及び多様な性の平等参画を推進する条例　64

ゲイ　13, 75, 82, 83, 92, 93, 99, 100, 111, 112, 113

刑罰　111, 112, 113

契約自由の原則　136, 140

公序良俗　89

公正証書遺言　59

国際疾病分類　15

国際人権（自由権）規約委員会　22

193

事項索引

国際人権団体ヒューマン・ライツ・
　ウォッチが平成27年に実施した調
　査についての報告書　183
国立社会保障・人口問題研究所
　18
国連人権高等弁務官　22
国連人権理事会　22
個人情報保護法ガイドライン　152
戸籍　58
戸籍上の性別　15
婚姻　33

【さ】

祭具　59
財産管理契約　54
財産分与　51
祭祀承継者　59
裁判離縁　54
採用の自由　95
里親制度　47
GID 夫婦　63
Gender Incongruence　15
児童生徒課長通知　175, 187
渋谷区男女平等及び多様性を尊重す
　る社会を推進する条例　29
社会的評価　160
重婚　38
住民票　42
所有権確認訴訟　52

人格権　160
親権者　49
人権擁護法案　88, 89
信条　153
人生の最終段階における医療・ケア
　の決定プロセスに関するガイドラ
　イン　42
身体的性別　11
診療契約　40
ストーカー行為　52
ストーカー行為規制法（ストーカー
　行為等の規制等に関する法律）　52
生活の本拠を共にする交際をする関
　係にある相手　53
精子・卵子提供　48
性自認　11
生殖医療　48
性的指向　11
性的指向に関する差別禁止法　23
性同一性障害　15, 87, 102, 108,
　115, 118, 119, 124, 169
性同一性障害者　26
性同一性障害者の性別の取扱いの特
　例に関する法律　→特例法
性同一性障害に係る児童生徒に対す
　るきめ細かな対応の実施等につい
　て　→児童生徒課長通知

194

性同一性障害や性的指向・性自認に
　係る、児童生徒に対するきめ細か
　な対応等の実施について（教職員
　向け）　15, 175, 187
成年後見　44
性のグラデーション　13
性の構成要素　11
性分化疾患　11
性別適合手術　15, 114, 118, 123,
　124
性別不合　15, 60
生命保険金　54
世界保健機関（WHO）　15
セクシュアリティ　12
セクシュアルハラスメント／セクハ
　ラ　74, 75, 76, 77, 78, 79, 80,
　126
セクシュアルマイノリティ　13
セクシュアルマイノリティが抱える
　問題　19
相続　56
相続権　57
相続人　33
贈与　52
SOGI　16

【た】

代理出産　48
調査の自由　95

調停離縁　54
治療行為　40
治療行為に対する同意　40
通称　86, 87
DV防止法　53
東京レインボープライド　21
同性カップル　45
同性婚　56
同性パートナー　41, 92, 93, 127
同性パートナーの死亡　56
特別養子縁組　47
特例法　26
トランスジェンダー　13, 60, 82,
　83, 85, 87, 95, 98, 99, 111,
　113, 114, 115, 116, 117, 118,
　119, 121, 123, 124, 168, 169

【な】

内縁関係（事実婚）　36
内心の平穏　161
名古屋市総務局総合調整部男女平等
　参画推進室　18
日本精神神経学会　15
日本労働組合総連合会　17
任意後見監督人　45
任意後見契約　54
任意後見受任者　44
任意後見制度　44
任意後見人　44

【は】

パートナーシップ契約（書） 34,
　42, 52

パートナーシップ証明（書） 36,
　42, 146

配偶者　38

配偶者からの暴力の防止及び被害者
　の保護等に関する法律　→DV防
　止法

バイセクシュアル　13, 75, 99,
　100, 111, 166

パワーハラスメント／パワハラ
　77, 81, 82, 83, 84, 85

パンセクシュアル　14

病歴　152

ファミリー・プラン　139

普通養子縁組　46

不貞行為　39

PRIDE 指標　25, 30

プライバシー　79, 80, 91, 113,
　120, 121, 126

墳墓　59

法定後見制度　44

法定相続人　56

暴力　53

保佐　44

補助　44

墓地　59

【ま】

名字　58

名誉毀損　66, 160

名誉権　67

面会制限　42

【や】

養育費　47

養子縁組　34, 46, 56

養子縁組の解消（離縁）　53

要配慮個人情報　151, 152

要保護児童　47

【ら】

離縁　54

離婚原因　39

レズビアン　13, 75, 111, 112,
　113

レディース・プラン　135

レディース・マンション　141

【わ】

work with Pride　30

言渡日順判例索引

言渡日 (事件名)	裁判所	掲載誌／事件番号	掲載頁
大10・5・17	大判	民録27輯934頁	37
昭33・4・11	最二小判	民集12巻5号789頁	37
昭38・6・19	広島高決	判時340号38頁	51
昭38・12・20	最二小判	判タ166号225頁	34
昭39・9・28 (「宴のあと」事件)	東京地判	判時385号12頁	65
昭40・7・6	大阪高決	家月17巻12号128頁	51
昭42・4・28	最三小判	民集21巻1号155頁	37
昭45・12・18	最二小判	民集24巻13号2151頁	160
昭48・12・12 (三菱樹脂事件)	最大判	労判189号16頁	95
昭49・6・19 (日立製作所事件)	横浜地判	労判206号46頁	98
昭50・12・22 (慶応大学附属病院事件)	東京高判	労判243号43頁	97
昭54・7・20 (大日本印刷事件)	最二小判	労判323号19頁	97
昭61・6・11	最大判	判時1194号3頁	66
昭61・7・14 (東亜ペイント事件)	最二小判	労判477号6頁	107
平元・4・18	東京地判	判時1347号62頁	50
平7・4・14	東京地判	判時1547号88頁	65
平9・5・27	最三小判	判時1604号67頁	66
平9・9・9	最三小判	民集51巻8号3804頁	67
平12・2・29	東京地判	判時1715号76頁	65
平12・3・10	最一小決	民集54巻3号1040頁	37
平12・6・30	千葉地判	判タ1034号177頁	50
平14・6・20 (S社【性同一性障害者解雇】事件)	東京地決	労判830号13頁	102, 108, 115
平17・2・24	東京地判	判タ1186号175頁	160, 161
平18・10・18	東京高判	判時1946号48頁	67

言渡日順判例索引

言渡日 （事件名）	裁判所	掲載誌／事件番号	掲載頁
平19・8・28	東京高判	判タ1264号299頁	151
平21・11・10	大阪高決	家月62巻8号75頁	62
平22・3・31 （U社【性同一性障害・解雇等】事件）	山口地裁岩国支判	労判1148号84頁	102
平22・8・6	東京地判	平成21年㈦第19896号	144
平22・10・12	高松高決	家月63巻8号58頁	62
平25・12・10	最三小決	民集67巻9号1847頁	63
平26・9・8	静岡地裁浜松支判	判時2243号67頁	130, 137, 138, 141, 142, 143
平28・5・9	東京地判	平成26年㈦第17679号	83
平28・10・11 （学校法人日本大学第三学園事件）	東京地判	労判1150号5頁	87
平29・9・15	名古屋地判	平成28年㈦第2547号	39
平31・1・23	最二小決	平成30年㈦第269号	61
令元・9・18	宇都宮地裁真岡支判	平成30年㈦第30号	55

編者・執筆者略歴

編者略歴
帯刀　康一（たてわき　こおいち）

高井・岡芹法律事務所

〒102-0073　東京都千代田区九段北4丁目1番5号　市ヶ谷法曹ビル902号

（役職等）

2007年　東京弁護士会登録

2011年　経営法曹会議会員

2018年　東京弁護士会LGBT法務研究部部員

（著作・論文等）

『現代型問題社員対策の手引〔第5版〕―生産性向上のための人事措置の実務―』（民事法研究会　平成31年）共著

『労働裁判における解雇事件判例集〔改訂第2版〕』（労働新聞社　平成27年）共著

第3章、第4章Q9担当

執筆者略歴（50音順）
市橋　卓（いちはし　たく）

OMM法律事務所

〒102-0093　東京都千代田区平河町2丁目2番1号　平河町共和ビル4階

（役職等）

東京弁護士会LGBT法務研究部部員

（著作・論文等）

『LGBT法律相談対応ガイド』（第一法規　平成29年）共著

『はじめての事件シリーズ　交通事故』（創耕舎　平成29年）共著

「ダイジェスト金融商事重要判例〔平成30年版〕」銀行法務21　2019年3月増刊号（経済法令研究会　平成31年）共著

第4章Q7・Q8担当

編者・執筆者略歴

大畑　敦子（おおはた　あつこ）

エトワール総合法律事務所

〒141-0022　東京都品川区東五反田1丁目7番11号　アイオス五反田アネックス405号

（役職等）

東京弁護士会 LGBT 法務研究部部員

（著作・論文等）

『LGBT 法律相談対応ガイド』（第一法規　平成29年）共著

第1章6・7　第2章Q3〜Q5担当

織田　英生（おだ　ひでお）

本郷綜合法律事務所

〒105-0001　東京都港区虎ノ門1丁目2番29号　虎ノ門産業ビル5階

（役職等）

東京弁護士会 LGBT 法務研究部部員

（著作・論文等）

『LGBT 法律相談対応ガイド』（第一法規　平成29年）共著

『平成29年版図解民法（親族・相続)』（一般財団法人大蔵財務協会　平成29年）共著

『最新版図解民法（総則・物権)』（一般財団法人大蔵財務協会　平成29年）共著

『最新版図解民法（債権)』（一般財団法人大蔵財務協会　平成29年）共著

『合意書・示談書等作成マニュアル』（新日本法規　平成26年）共著

第1章1〜5　第2章Q1・Q2担当

編者・執筆者略歴

木下　岳人（きのした　たけと）

アンダーソン・毛利・友常法律事務所

〒100-8136　東京都千代田区大手町1丁目1番1号　大手町パークビルディング20階

（役職等）

東京弁護士会LGBT法務研究部部員

（著作・論文等）

『LGBT法律相談対応ガイド』（第一法規　平成29年）共著

第4章Q1〜Q6・Q10担当

五島　丈裕（ごしま　たけひろ）

本郷綜合法律事務所

〒105-0001　東京都港区虎ノ門1丁目2番29号　虎ノ門産業ビル5階

（役職等）

東京弁護士会LGBT法務研究部部員

文部科学省　原子力損害賠償紛争等特別委員（仲介委員）

公益社団法人日本助産師会　倫理審査委員

（著作・論文等）

『LGBT法律相談対応ガイド』（第一法規　平成29年）共著

『合意・和解条項作成の弁護士実務〜裁判官の視点を加えて』（青林書院　平成29年）共著

『弁護士が弁護士のために説く債権法改正〔改訂増補版〕』（第一法規　平成30年）共著

『ケースでわかる改正相続法』東京弁護士会編（弘文堂　平成31年）共著

第1章8〜11　第2章Q6・Q7担当

編者・執筆者略歴

杉村　亜紀子（すぎむら　あきこ）

リソナンティア法律事務所

〒160-0022　東京都新宿区新宿１丁目23番８号　タチハラビル４階

（役職等）

東京弁護士会 LGBT 法務研究部部員

（著作・論文等）

『LGBT 法律相談対応ガイド』（第一法規　平成29年）共著

第５章担当

知らないでは済まされない！
LGBT実務対応Q＆A
──職場・企業、社会生活、学校、家庭での解決指針──

2019年12月21日　第1刷発行

定価　本体2,500円（税別）

編著者　帯刀　康一
著　者　市橋　　卓　大畑　敦子　織田　英生
　　　　木下　岳人　五島　丈裕　杉村亜紀子
発　行　株式会社　民事法研究会
印　刷　藤原印刷株式会社

発行所　株式会社　民事法研究会

〒151-0013　東京都渋谷区恵比寿3-7-16
〔営業〕TEL 03(5798)7257　FAX 03(5798)7258
〔編集〕TEL 03(5798)7277　FAX 03(5798)7278
http://www.minjiho.com/　info@minjiho.com

落丁・乱丁はおとりかえします。ISBN978-4-86556-316-0　C2032　￥2500E
カバーデザイン：関野美香

実務に役立つ実践的手引書

実務で問題となる論点について、労働法全体をカバーしつつ判例・通説を基本に1冊にまとめた最新版！

労働法実務大系〔第2版〕

弁護士　岩出　誠　著　　　　　　　　　　　（A5判・893頁・定価　本体9000円＋税）

法改正や技術の進歩により新規の労働問題が生じている分野の事例を追録・充実させ大幅な改訂！

Q&A現代型問題社員対策の手引〔第5版〕
─職場の悩ましい問題への対応指針を明示─

高井・岡芹法律事務所　編　　　　　　　　　（A5判・366頁・定価　本体4000円＋税）

数多くの判例や厚生労働省の指針改訂(精神疾患による労災認定基準やセクハラ指針)を織り込み改訂！

職場のいじめ・パワハラと法対策〔第4版〕

弁護士　水谷英夫　著　　　　　　　　　　　（A5判・362頁・定価　本体3000円＋税）

ハーグ条約・実施法に基づく国際的な子の返還申立て、面会交流調停申立ての手続・書式を追録！

書式　家事事件の実務〔全訂10版〕
─審判・調停から保全・執行までの書式と理論─

二田伸一郎・小磯　治　著　　　　　　　　　（A5判・606頁・定価　本体5200円＋税）

DVを原因とする離婚手続、子どもの問題、生活費の請求など、解決への糸口がつかめる！

DV・ストーカー対策の法と実務

弁護士　小島妙子　著　　　　　　　　　　　（A5判・416頁・定価　本体3800円＋税）

改正動物愛護管理法・政省令、基準等に基づき、トラブルの実態、法的責任、対応策等を解説！

ペットのトラブル相談Q&A
─基礎知識から具体的解決策まで─

渋谷　寛・佐藤光子・杉村亜紀子　著　　　　（A5判・292頁・定価　本体2300円＋税）

発行　民事法研究会

〒150-0013　東京都渋谷区恵比寿3-7-16
（営業）TEL 03-5798-7257　FAX 03-5798-7258
http://www.minjiho.com/　　info@minjiho.com

リスク管理実務マニュアルシリーズ

様々なクレーム・不当要求やトラブル事例に適切に対処するためのノウハウと関連書式を開示！

悪質クレーマー・反社会的勢力対応実務マニュアル
―リスク管理の具体策と関連書式―

藤川　元　編集代表　市民と企業のリスク問題研究会　編（Ａ５判・351頁・定価 本体3800円＋税）

会社役員としての危急時の迅速・的確な対応のあり方、および日頃のリスク管理の手引書！

会社役員のリスク管理実務マニュアル
―平時・危急時の対応策と関連書式―

渡邊　顯・武井洋一・樋口　達　編集代表　成和明哲法律事務所　編（Ａ５判・432頁・定価 本体4600円＋税）

従業員による不祥事が発生したときに企業がとるべき対応等を関連書式と一体にして解説！

従業員の不祥事対応実務マニュアル
―リスク管理の具体策と関連書式―

弁護士　安倍嘉一　著　　　　　　　　　　　　（Ａ５判・328頁・定価 本体3400円＋税）

社内（社外）通報制度の導入、利用しやすいしくみを構築し、運用できるノウハウを明示！

内部通報・内部告発対応実務マニュアル
―リスク管理体制の構築と人事労務対応策Ｑ＆Ａ―

阿部・井窪・片山法律事務所　石嵜・山中総合法律事務所　編（Ａ５判・255頁・定価 本体2800円＋税）

弁護士・コンサルティング会社関係者による実務に直結した営業秘密の適切な管理手法を解説！

営業秘密管理実務マニュアル
―管理体制の構築と漏えい時対応のすべて―

服部　誠・小林　誠・岡田大輔・泉　修二　著　　　　　　（Ａ５判・284頁・定価 本体2800円＋税）

企業のリスク管理を「法務」・「コンプライアンス」双方の視点から複合的に分析・解説！

法務リスク・コンプライアンスリスク管理実務マニュアル
―基礎から緊急対応までの実務と書式―

阿部・井窪・片山法律事務所　編　　　　　　　（Ａ５判・764頁・定価 本体6400円＋税）

情報漏えいを防止し、「情報」を有効活用するためのノウハウを複合的な視点から詳解！

企業情報管理実務マニュアル
―漏えい・事故リスク対応の実務と書式―

長内　健・片山英二・服部　誠・安倍嘉一　著　　　　　　（Ａ５判・442頁・定価 本体4000円＋税）

発行　民事法研究会

〒150-0013 東京都渋谷区恵比寿3-7-16
（営業）TEL 03-5798-7257　FAX 03-5798-7258
http://www.minjiho.com/　　info@minjiho.com

実務に役立つ実践的手引書

要件事実の基本書として広く活用されるロングセラー！ 民法（債権関係）改正完全対応版！

要件事実の考え方と実務〔第4版〕

加藤新太郎　編著　　　　　　　　　　　　（A5判・458頁・定価　本体3800円＋税）

抜本改正された行政不服審査法や行政事件訴訟法等の関係法令の改正、最新の判例・実務・学説を収録！

書式　行政訴訟の実務〔第三版〕
──行政手続・不服審査から訴訟まで──

日本弁護士連合会行政訴訟センター　編　　（A5判・433頁・定価　本体4500円＋税）

実務上重要な裁判例61件を分析！ 喫緊の法的課題や実務上重要な論点を実践的・立体的に理解できる！

最新　著作権関係判例と実務〔第2版〕

知的所有権問題研究会　編　代表　松村信夫・三山峻司　（A5判・528頁・定価　本体5500円＋税）

消費者団体訴訟について新たに章を設けたほか、最新の法令・判例・実務を織り込み改訂した実務家必携の1冊！

判例から学ぶ消費者法〔第3版〕

島川　勝・坂東俊矢　編　　　　　　　　　（A5判・312頁・定価　本体2800円＋税）

民法（債権関係）等の改正に完全対応させるとともに、最近の契約審査実務からみた追加事項を収録！

取引基本契約書の作成と審査の実務〔第6版〕

滝川宜信　著　　　　　　　　　　　　　　（A5判・483頁・定価　本体4300円＋税）

現役裁判官が当事者、代理人の納得する紛争解決の考え方とノウハウを提示した待望の書！

和解・調停の手法と実践

田中　敦　編　　　　　　　　　　　（A5判上製・699頁・定価　本体7000円＋税）

発行　民事法研究会
〒150-0013　東京都渋谷区恵比寿3-7-16
（営業）TEL03-5798-7257　FAX 03-5798-7258
http://www.minjiho.com/　　　　info@minjiho.com